ORIX BUFFALOES
THE PERFECT GUIDE 2024

CONTENTS

JN101329

中嶋 聡 監督

もう一度、頂点へ

2023年の日本シリーズでは、
惜しくもあと一歩のところで2年連続で日本一を逃したオリックス・バファローズ。
敗戦直後、指揮官は誇らしげに
"NIPPON CHAMPIONS"のフラッグを掲げる敵将に頭を下げ、握手を求めた。
この瞬間から、チャレンジャーとしての2024年シーズンがスタートしたのだ。
今一度、日本の頂点を極めるための戦い。
その前に立ちはだかるリーグ制覇という、高く厚い壁。
行く手をおもんぱかれば、気が遠くなるほどの長く険しい道のりだ。
選手の流動がひと昔前とは比べものにならないほど頻繁に起こりうる今のプロ球界で、
戦力を維持することは簡単なことではない。
そんな状況で目指すリーグ4連覇と日本一奪還が、
いかに困難なことであるかは想像するに難くない。
過去のどの指揮官の流儀と異なる"中嶋流"で成し遂げたリーグ3連覇。
さらなる高嶺を目指すシーズンではどんなタクトを振って見せるのか。
誰にも似ていないオンリーワンの"中嶋メソッド"で、
今一度、"頂"を目指す。

文●大前一樹

〝ナカジマジック〟の真実

　135通り。

　2023年のレギュラーシーズンにおいて、中嶋聡監督が組んだオーダーのバリエーションの数である。この数字の多さは監督就任した2021年からの3シーズンで共通するものだ。

　かつて、オリックス・ブルーウェーブを連覇に導いた仰木彬氏の〝マジック〟に似ていると論じる向きもあるが、筆者の考えは別である。確かに、相手投手や、選手個々のコンディションによって、メンバーや打順を変えながら戦うという手法は共通する。しかし、仰木氏は起用する選手の選択肢が、ほぼ一軍メンバーに限ら

れていたことを考えれば、中嶋監督のやり方と一線を画すことは明らか。「全員が戦力」と明言する中嶋監督は一軍と二軍の入れ替えを頻繁に行うなかで、〝旬〟の選手を絶妙なタイミングでオーダーに組み込み成果を上げてきた。小林宏二軍監督との良好なホットラインもその要因のひとつであるが、指揮官自らがファームの試合を常に注視し、選手の状態を把握しているからこそできる芸当なのだ。選手のモチベーションを高めながら、結果を求めるやり方こそが〝ナカジマジック〟の真髄だと考える。

　かつて仰木氏は「まぁ周囲は〝マジック〟なんて言っていますが、マジックなんてない。あえて言うなら、〝確率〟です」と話してくれた。〝確

からしさ〟を重視するマジックのベースは同じ。現役時代に上田利治監督に始まり、栗山英樹監督まで、多くの名監督の薫陶を受けた指揮官のマジックはやはり、独自のものといっていい。マジックには必ず、〝タネや仕掛け〟が存在するが、それら〝タネや仕掛け〟こそが、監督の個性なのだろう。それでも、「ナカジマジック？ そんなん、あるわけないやん！ たとえあったとしても言うわけないやん！」そんな声が聞こえてきそうではあるが。

プレーヤーファーストの人心掌握術

　春季キャンプに始まり、オープン戦、公式戦

もう一度、頂点へ

78

"全員で勝つ"スタイルで挑む2024年
もう一度"頂"を目指す。

期間中の練習時、中嶋監督の動きは活発だ。グラウンドの各所に目を配り、選手には積極的に声をかける。「こちらの気持ちをくんで、声をかけてくれる」と杉本裕太郎が言えば、「冗談を交えながら、（責任を）背負いすぎないように諭してくれる」とは紅林弘太郎。選手の動きを追う目はいつも冷徹ではあるが、掛ける言葉はユーモアに溢れている。冗談めいた言葉のなかに、核心を突くアドバイスが含まれているという。「失敗してもいい。責任は俺がとるから」の言葉に救われ、存分に力を発揮できた選手は多いはずだ。敗戦後のコメントでも、選手を攻めることはない。「そこを指導しきれなかった自分の責任」と、"責任の所在はいつも己"と

いう姿勢に一切のブレはない。

そんな指揮官としてのスタンスの源流はどこにあるのか？ 誰にも似ていないその手法こそが"中嶋流"であろうことは前述したとおりだが、その"最初の一滴"がどこなのかを考えたとき、彼のプロ野球選手としての現役29年間というキャリアに辿り着く。

誰よりも長い間、プレーヤーとしての難しさと戦ってきた経験のなかで、"指導者像"、"監督像"を醸成されていったのではないか。しかも2007年から現役を退く2015年までの9シーズンのコーチ兼任時代に、自らが理想とする指導者の姿がより明確になったものと思われる。選手と指導者、一度に二役を演じる難しさのなかで得たもの。双方の立場でものごとを考え、判断する力を養った9年という時間がもたらしたもの。それらが、指揮官としての現在の"プレーヤーファースト"の姿勢につながっているはず。選手の心をつかむユーモアと笑顔に包まれた厳しさ。18歳からユニフォームを着続ける指揮官だからこそできる"術"なのだろう。

大きな穴は全員で埋める

今シーズンのオリックスの戦いを占ううえで、最大のポイントは絶対的エースが抜けたマイナス分をいかに補うのかだろう。「連敗を止めてくれたエースであり、大切な試合を任せてきたエースですから、その穴を1人でカバーするのは無理」と指揮官。ここですがりたいのは"ピンチはチャンス"という超ポジティブ思考の格言だ。この窮地をチャンスと捉える選手は少なくない。「空いた穴を狙う！」と虎視眈々と狙っている。

今シーズンはチームが標榜する"全員で勝つ"スタイルの真価が問われるシーズンとなる。宮崎で行われた春季キャンプでは、新たな戦力を首脳陣全員で見極めるために、コーチ陣の配置

をシャッフルし、"全員で見る"スタイルを導入した。もともと、コーチ陣を一軍、二軍で区別しない組織ならではのフレキシブルな対応だった。チーム力アップを目指すスプリングトレーニングを一軍、二軍の区別なく、同じ敷地内（宮崎市清武総合運動公園）で練習に取り組める素晴らしい環境も手伝っての、独自の練習方法もまた"中嶋流"だった。

「他球団はどこも強いですよ。バリバリのダンゴ状態になるのでは……」と、中嶋監督は予想する。「とにかく最初に置いていかれないように」と警戒するなかで、最後には混戦から抜け出す青写真は出来上がっているはずである。失った戦力を補うべく、新たに誰が台頭するのか？「そりゃあみんなに期待していますよ」とは、指揮官の本音だ。

リーグ4連覇と日本一奪還へ！

球団の歴史をひもとけば、チーム史上リーグ連覇の最長記録は1975年から1978年にかけての4連覇。中嶋監督が阪急に入団する前の記録だ。今季はその偉業に肩を並べられるかどうかの重要なシーズンとなる。吉田正尚、山本由伸とここ2年で投打の軸を失うというハンデを背負いながらも、FA市場で森友哉、西川龍馬を補強し、さらには球団として成果を収める若手の育成で戦力を整えてきた。

現場とフロントの良好でかつ強力なタッグは大きな強み。そして、その中心で存在感を示すのが球団史上、第29代監督である中嶋聡なのだ。選手たちの力量を見極める目はあくまでも冷徹。その反面、彼らの成長を見守る視線とかける言葉はどこまでも温かい。

チーム強化と選手育成の面で、さまざまな側面とアプローチを我々に提供してくれる、"中嶋メソッド"。驚きと発見に満ちたそのメソッドを、今季もじっくり堪能したいと思う。

11

スペシャル対談

山下 舜平大
YAMASHITA SHUNPEITA

次なる主役は!?

球団史上46年ぶり2度目の4連覇を目指す今シーズン。
大いなる期待感が膨らむ一方で、少なからぬ不安が感情のなかでかげりを落とすのもまた事実だ。
3年連続で投手4冠（最優秀防御率、勝率第一位投手、最多勝利、最多奪三振）に輝き、
その期間いずれのシーズンでも沢村栄治賞という栄誉を与えられたチームの絶対的エースが海を渡った現実がある。
「ひとりでは到底、埋め切れるものではない」と中嶋聡監督もその"穴"の大きさと深さを認めるが、
エースという余人を以って代え難いそのポジションを虎視眈々と狙う存在があるのも、また確かなこと。
このチームに年齢やプロでのキャリアという、ある種ありがちな"物差し"は通用しない。

宮城 大弥

MIYAGI HIROYA

投手陣の軸へ

遠慮はいらない。
先代の大エースがそうであったように、若くしてその位置を狙ってほしい。
オリックス・バファローズにとって2024年はチームの行く末を照らす重要なシーズンだ。
4連覇という険しいミッションに新たな戦力でアプローチする今シーズン。
ここにそろったふたりの若い力が、その成果を大きく左右する。
"ネクストエース"に! 宮城大弥と山下舜平大が、それぞれの思いを語りあった。

文●大前一樹

それぞれが
準備段階から感じた手応え

──オフの自主トレ、春季キャンプと今シーズンに向けての準備はどうでしたか?

宮城　昨年は3月のWBC(ワールド・ベースボール・クラシック)から始まって、日本シリーズまでシーズンが長かったというのもあったので、体への負担も考慮してゆっくりめの調整を心掛けました。まぁ、春季キャンプも5年目なので、自分なりのペースをつかめているのもあります。

山下　オフの自主トレと春季キャンプでは、環境や雰囲気が違うじゃないですか。だから、そのギャップに体を馴染ませながら春季キャンプの序盤は過ごしました。4年目のシーズンですが、昨年のキャンプはリハビリスタートでしたし、これまで自分でしっかり組み立てた調整方法で開幕を迎えたことがないんです。今年は手探りしながらも、ある程度、自分の考えたやり方で春季キャンプを過ごせたと思います。

──今年は今まで以上に多くのファンに見られながらのキャンプとなりました。

宮城　平日でも多くのファンがいらっしゃって……!

山下　やっぱりファンの方に見られていると思うとアドレナリンも上がって、つい力が入ってしまいますね。だから、体がバキバキで(笑)。特に、宮城さんと歩いていると、もう目立ってしまってヤバいです(笑)。

宮城　いやいや、逆ですよ。僕なんか、ペータさん(山下)の後ろに隠れながら歩いています。

ポスト由伸
次なるエースへ!

──リーグ4連覇のかかる大切なシーズンですが、先輩であり大エースの山本由伸投手が海を渡りました。おふたりには次なるエースとしての期待がかかります。

宮城　そこは、もうペータさんに負担をかけて(笑)。

山下　負担って何の負担ですか? 僕は、すべて宮城先輩に任せています。

宮城　やめてくれよ(笑)。正直言って、由伸さんがいなくなったからといっても、それほどこれまでと気持ちは変わらないですね。そこは、ホント、ペータさんに任せます。

山下　まず、その「ペータさん」って呼び方、やめてください(笑)。ただ、誰がいなくなったとか、誰が新たに加わったとか、自分は余り気にしません。自分がやるべきことは変わりませんからね。そこは誰にも影響されない部分です。確かに3連覇を果たしたチームのなかで、由伸さんや(山崎)福也さんの存在は大きかったでしょうが、4連覇はチーム全体で戦いながら果たしたい目標です。

宮城　ペータの言う通りで、みんなが力を合わせて戦わないと。

山下　そのなかで、宮城さんや僕がチームの中心にいられるように……ですね。

次なる主役は!? 投手陣の軸へ

末知の領域に辿り着いて初めて見えてくるものがある
──山下

──開幕投手は狙いたい?

宮城　毎年、狙っています（笑）。ずっとシーズンの最初の試合で投げたいという気持ちはもっています。でも、ずっと先輩がそこを任されていましたし、昨年は（山下を指さしながら）後輩に先を越されてしまった。

山下　いやいや！ 昨年、先輩方はWBCだったから、僕はチャンスをいただいただけで……。でも、良い経験をさせてもらいました。ただ、僕自身は開幕投手には特にこだわりはなくて。それよりも、中6日でシーズンを全うすることが、僕にとっては一番大切なことなんです。（開幕投手は）宮城先輩に任せます。とはいえ、「（開幕投手）行け！」と、言われれば行ける準備はしています。

宮城　これまでも中嶋監督に、「開幕投手を！」ってアピールしているのですが、いつも「ダメ！」って言われています（笑）。今年も春季キャンプのインタビューで中嶋監督は「宮城には期待していない」って話されていました（笑）。

──おふたりは1学年違いです。とても良い関係性に見えます。

宮城　ペータさんは友だちです！

山下　それ、みんなに言ってるし（笑）。宮城さんにとっては、みんな友だちですから。

宮城　ペータさんを特に後輩って意識したことはない。そもそも、僕を先輩と思っていないから！

山下　めっちゃ、思っていますから（笑）。

宮城　食事に誘っても、ぜんぜん来てくれないし（笑）。

山下　僕としてはもっと誘ってほしい！ ただ、ちょっと誘ってくるタイミングが合わないだけで……（笑）。

宮城　そっちがタイミング合わせろ！ ってことやん（笑）。まぁ、コミュニケーションは食事に行かなくても取れるものですからねぇ（笑）。

山下　いや、食事に誘ってください（笑）。

──素晴らしい関係性に見えますね。オリックスというチームは、年齢の上下関係はそんなに厳しくないようにみえますね。

宮城　いや、上の人はずっと上なので。比嘉（幹貴）さんや（平野）佳寿さんは大先輩ですから。

山下　僕らの倍近い年齢ですもんね（笑）。でも、そんな大先輩たちがチームの良いムードをつくってくださっているので、ありがたいですよね。

宮城　僕はまだまだ、先輩たちのスネをかじりたいと思います！ 嘘です（笑）。

──さて、おふたりともお互いが、それぞれをどう思っているか？ 気になる所です。

山下　なにせ宮城さんは野球の世界一、地球一のメンバーなので、もうおそれ多いです（笑）。

宮城　やめろって（笑）。完全に舐めている。

山下　真面目に答えると、宮城さんは人格者だと思います。僕の場合、高校時代も自分から先輩に話しかけるタイプではなかったのですが、

今年は最後まで"楽しい"気持ちで終わりたい
──宮城

宮城さんには何でも話せますし、ありがたい先輩です。

宮城 ありがとう（笑）。野球の話になりますが、ペータは僕にないものをたくさん持っている投手なので、すごく羨ましいですね。

山下 僕も宮城さんのあのコントロールがほしい。まぁ、これはないものねだりになっちゃいますね。

4連覇に向けて、ふたりが目指すもの

——さて、4連覇という偉業に向かう2024年シーズンです。おふたりはどんなイメージをお持ちで

スペシャル対談
YAMASHITA SHUNPEITA
MIYAGI HIROYA

次なる主役は!?
投手陣の軸へ

しょうか？

宮城 シンプルに最初から最後まで、勝ちにこだわり続けてフルシーズン投げ続けたいということですね。

山下 僕は規定投球回をまずはクリアしたいです。そのためにはしっかりと中6日で投げ続けないと。

宮城 昨年は本当に悔しい思いでシーズンを終えました。それだけに、今年は最後まで楽しい

気持ちでいたいですね。一昨年は勝って終わって、昨年は最後に負けた。野球の楽しさと厳しさ、その両方をここ2年で経験できたのは僕にとって大きな財産です。

山下 中6日で投げ切っての規定投球回到達というのは、僕にとっては未知の領域です。そこに辿り着いて初めて見えてくるものがあるはずですからね。宮城さんに追いつきたいです。

——タイトル獲得は意識しますか？

宮城　いままでは、先輩にすごい人がいて、常にそこを目指してはいたのですが、追いつけなかった。ただ、必死に追いつこうと努力できたことは自分の力につながったはずですからね。もちろん、これまで超えられなかった人が抜けたわけですから、タイトルは狙っていきたいですね。

山下　僕は負けるのが嫌なので……。常に勝利を目指していくなかで、勝ち星はさまざまな要素が絡み合うので難しいところはあると思いますが、狙うとしたら防御率とか奪三振の部分ですかね。ただ、それにしても年間を通して投げられないと達成できるものではないので、まず

はそこを目指していきたいです。

宮城　ペータさんが規定投球回に乗らなければ、僕のタイトル獲得が近くなりますからね。嘘です（笑）。やはり僕も防御率にはこだわりたいです。そこは投手としての力を証明するものですからね。

──連覇を継続してくために超えていかなくてはならないものはなんだと思いますか？

宮城　さっきペータが「負けるのが嫌」と言っていましたが、この世界に生きる人はみんな同じ思いで戦っているはずです。だから、自分のすべての部分でこれまでのレベルを超えないといけないと思います。

山下　宮城さんと同じで、昨年の自分の数字をすべて上回ることを目標にしていかないとダメだと思っています。球速も……ですね。オフもしっかりとトレーニングを積んできましたから、昨年の数字（160km／h）を更新したいですね。

宮城　由伸さんがいなくなって最初のシーズンですから大切ですよね。今までの優勝が由伸さんだけのおかげではなかったことを証明したい。「由伸さんが居なくても僕たち勝てましたよ！」って自慢したいじゃないですか（笑）。

山下　先輩方が成し遂げられた連覇です。次の4連覇に向けて、僕自身がチームのなかでしっかりと力になれるように頑張ります！

7

INTERVIEW

西川 龍馬

NISHIKAWA RYOMA

新天地で新たな挑戦！

里帰り。

"セ界"の好打者がFA移籍という形で、自身が幼少期を過ごした大阪に帰ってきた。

15歳の春に、地元から離れ14年の年月を経ての"帰還"となる。

オリックス・バファローズの本拠地である京セラドーム大阪は、幼いころから通いなれた、

いわば"庭"だが、愛着のある広島から飛び出した先に待ち受ける違うリーグは、未踏の地でもある。

慣れ親しんだ街に戻りながらも、そこで待ち受ける新たな環境。

安定を望まず、自らの成長のために選んだ移籍だが、彼を迎える街もチームも温かい。

ホームタウンで大暴れする彼の姿は容易に想像できる。

「俺は昨日の俺ならず」とは坂本龍馬の名言であるが、昨日の赤から今日の濃紺へ……。

卓越したバットコントロールが生み出す抜群のミート力を周囲は天才とも評するヒットマン。

新たな一歩を踏み出した西川龍馬に話を聞いた。

文●大前一樹

世界の好打者が地元に凱旋

──地元のチームへ。まずは、おかえりなさい！

そうなんです！ ほんまに地元で（笑）。子どものころは、父親とよく京セラドームで野球を見ていました！ 家から自転車で行ける距離でしたからね。タフィ・ローズさんの55号（2001年9月24日）も、確か当時の大阪ドームで、生で見た覚えがあります。

──地元に帰って来たという実感は湧いてきましたか？

いやぁ、まだ春季キャンプ期間中ですからね。いざ、自分がオリックスのユニフォームを着て、京セラドームの打席に立ったときに初めて、「戻ってきた」って思えるのではないでしょうかね。

──中学時代に在籍したチーム（大正リトルシニア）では、阿部翔太投手の後輩にあたりますよね。

そうなんです。阿部さんが2つ上でしたね。また、同じチームになりました（笑）。

──昨季はセ・リーグのベストナインにも選ばれ、いわば広島東洋カープの顔という存在の西川選手ですが、広島に残るかどうか迷いもあったのでは？

そりゃあもう……。カープは本当に良い球団です。良い球団だからこそ、そこに身を置き続けることで、どうしてもチームに甘えてしまいそうで。自分の成長ということを考えたときに、新たな環境で挑戦したほうが自分にとって良いと思ったんです。新たな一歩ですね。

──春季キャンプ中には、オリックスというチームにすっかり慣れられたように見えましたが？

僕よりも年長の方から声をかけていただいて、食事にも行きましたし、キャンプ休日にはゴルフに行ったりして、コミュニケーションは十分に取れていると思います。最初は、転校生の気分でしたね（笑）。今ではずいぶん溶け込んでいると思います。

──オリックス・バファローズというチームの印象はどうですか？

（年齢の）上と下の関係性も良好でカープとよく似た感じです。だからでしょうか、違和感は余りないです。

──チームカラーが赤からネイビーに変わりました。

そこは、もう初めは違和感バリバリで（笑）。今ではすっかり、馴染みましたね。大丈夫です（笑）。

新たな環境での始動

──新しいチームでの春季キャンプです。環境の変化に戸惑いはありませんでしたか？

そこは大丈夫ですね。特にアップアップすることはなかったですね。

──キャンプの練習形態はずいぶん変わったので

そうですね。ただ、全体練習後に自分の練習に充てる時間が多くなったので、しっかりと自分の課題と向き合いながら練習できるのはいいですね。

──自主練習では室内でバットを振り込む毎日ですね。

自分としてはしっかりバットを振りたい気持ちが強くて。自主練習の時間が増えたことで、スイング数はしっかり確保できています。これまでのキャンプよりも、スイングの回数は確実に増えました。

──今シーズンから戦いの舞台は、パ・リーグに移ります。

そうですね。これまでは交流戦で対戦があったくらいで、ほとんど対戦がなかったわけですから、正直まったくわからない投手と対戦するというイメージです。ですから、実際に打席に立って、ボールを見ることが大切ですね。そこで初めて感じるものもあるはずです。早い段階で慣れることが大切だと思っています。

──オリックスでの守備位置や打順に関しては？

守備はレフトじゃないですかね。キャンプ中も、レフトでノックを受けていたので。打順に関しては、もう何番でも（笑）。カープ時代に1番から9番まで、全打順を経験していますからね（笑）。そこはお任せします。まぁ、どの打順だとしても自分のバッティングには変わりはありません。

天才的打撃の原点

──西川選手の打撃は時に"天才"と評されます。ワンバウンドのボールさえもバットに当てる技術も含めて、その卓越したバットコントロールの秘訣は何なのでしょう？

全然天才じゃないですよ（笑）。まぁ、当てろと言われたら、バットの届く範囲であればなんとか当てます（笑）。ただ、その打球がヒットゾーンに飛ぶかどうかの話は別ですよね。そのバットに当てるということに関しても、バットを一生懸命振ることで、徐々に身についてきたもので、天才という言葉は当てはまらないですね。

──ここまでのプロとしてのキャリアでは4度の打率3割をマーク（通算打率は.299）されています。3割打者が希少な存在となっている昨今の状況を考えれば、すごいとしか言いようがないのですが、今の"西川スタイル"が出来上がったのはいつごろだったのでしょうか？

自分の形ですか？ まだまだ完成とはいえませんが、「この感じかな？」と思ったのは2年前くらいですね。

──ごく最近じゃないですか！

もちろん、それまでも自分が持っている技術の

なかで、一番部分でやってきたのですが、感覚的に少し見えたのは2年前の阪神タイガースとのオープン戦でしたね。西勇輝投手の前に三振を喫したのですが、その三振に倒れたときのスイングで、「これかな」って思えました。

──空振りで見えてきたものがある。

これはもう、本当に感覚的なものなので説明するのはすごく難しいのですが……。いつもなら、空振りをしての三振のあとは、悔しさを感じながらも自分のスイングを反省するんですが、このときは違いましたね。三振して納得というか、つかんだものがありました。打席で投手と対戦するなかで、感じることは少なくないですね。そんな感覚の積み重ねで、バッティングは変わっていくものかなと。だから、天才でもなんでもないんです（笑）。日々の積み重ねだと思います。

連覇を目指すチームの大きな力に

──チームは今シーズン、リーグ4連覇、そして日本一奪還を目指しています。そのなかで、西川選手への期待度は小さくありません。

そこなんですよ（笑）。連覇中のチームに自分が入って、負けてしまうと……。昨年の（森）友哉もそうだったと思いますが、そこはプレッシャーというか。だから、絶対に勝ちたいです。自分としても、チームの戦力にならないといけないです。ここ何年か、シーズン途中で故障で離脱してしまっているので、今年はシーズンを通して、ケガなく試合に出続けたいと思っています。

──そういえば、昨季は脇腹を痛められましたが、当初の予定よりもずいぶん早く復帰されて、すぐに戦列に戻られましたね。

はい、あのときは夏場で、チームにとって大事な時期だったので、結構前倒しで頑張りましたね。

──ファームでの出場もそこそこに、すぐの復帰でした。

確か、ウエスタン・リーグは筑後での1試合だけに出て、すぐに一軍に戻りましたね。予定よりも1週間から10日ほど、早い復帰になりました。

──あのときは、西川さんとして無理をしながらの強行復帰だったと思います。そんな"フォア・ザ・チーム"の姿勢もまた、野球人・西川龍馬の魅力ですね。

ありがとうございます（笑）。FAでの移籍ですから、期待されていることは分かっています。もちろん、そういう思いに応えられるように頑張るのは当然ですが、基本はいつものスタンスでいきたいと思っています。気負わず、考え過ぎず、今まで通り、普段のままの姿勢を貫ければと思っています。

西川 龍馬

7

新天地で新たな挑戦!

安達了一 × 藤原丈一郎

ADACHI RYOICHI

J-FUJIWARA

なにわ男子・藤原丈一郎が
安達了一選手兼コーチに弟子入り!!

内野守備の極意を伝授!

大のバファローズファンである、なにわ男子・藤原丈一郎が、
今年からコーチ兼任となる安達了一選手から守備の極意を教わる特別企画。
プロ野球選手を夢見る子どもたちにも役立つポイントを安達コーチが伝授してくれた。
ふたりの関係性の良さも垣間見られた特訓の様子を誌面上でリポートする。

～準備運動のキャッチボール～

プロ野球選手と
キャッチボール
なんてうれしい！
でも、手が痛い！

手を痛がる
丈一郎くんに
安達コーチからの
アドバイス

アドバイス実戦も
プロのボールは
痛かった！

薬指と小指を
グローブの小指の位置に
入れるといいよ！

～守備で大切なのはリズム！～

丈一郎くんの捕球姿勢（指導前）

安達了一×藤原丈一郎
内野守備の極意を伝授！

足がプルプルしてきた……

安達コーチが指摘したポイント

・腰が高い
・右腕とグローブの距離が遠い
・足幅が狭い
・右足が前に出ている

改善練習①
低い姿勢を保つ

藤原さんの姿勢を見て、安達コーチが一番気になったのが腰の高さ。とにかく腰を落とした体勢を身につけることが大切と指導。また、ショートバウンドに合わせる動きをするためにも、リズムが大事と助言。「守備もリズム、ダンスもリズム！」という名言も飛び出した！

もっと腰を落として！

改善練習②
グラブは開いたままで捕球する

この姿勢ができれば送球しやすい

改善練習③
左足はつま先を上げ右手はボールに添える

改善練習④
左足のつま先は投げる方向へ

藤原さんはボールを捕った際、グローブでボールをつかんでいた。これに対して安達コーチは、「グローブは開けたままで、右手をすぐに添える。そうすれば送球へスムーズに移行できる」とアドバイス。また、的確なスローイングをするため、左足の向きなども助言してくれた。

連続写真で見る安達コーチの安定した守備

 ▶  ▶  ▶  ▶

 ▶  ▶  ▶  ▶

ダブルプレーの動きにも挑戦

Before

ツーアウト！

わずか30分の指導でここまで改善

After

捕球とスローイングのコツを教わったあと、ゲッツーの動きにも挑戦。互いにセカンド、ショートのポジションをこなして、見事な動きを披露。満足の動きができた藤原さんはにこやかにツーアウトポーズを取った。

3年連続始球式が決定 安達選手にあるお願いを

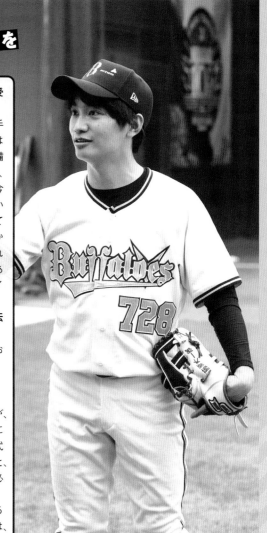

──短い時間でしたが、安達コーチに指導を受けた感想は？

藤原 バファローズはもちろん、野球界のお手本といえる安達選手に教えていただけたことはすばらしい経験になりました。安達選手の守備は、ファンとして見ていても落ち着きがあり、安定感が抜群。そんな方から教わったことを今後に活かすためにも、僕自身、今年中に見ている人が安心できる守備がしたい。ファンとして野球を知っていることはありますが、知らなかった技術面を理解することができたので、これから野球選手を見る目が変わると思います。あと、今日一番良かったのは、ツーアウトのサインができたことです！

──ここで、安達コーチから、藤原さんへお伝えすることがありますよね。

安達 3月29日の開幕戦、丈一郎に始球式をお願いしたく思います！

藤原 本当ですか！ ありがとうございます！

安達 3年連続！

藤原 前回、前々回は、ホーム開幕戦でしたが、今年はシーズン開幕戦なので、違った気持ちになるかなと。守備を教わった後なので、始球式だけじゃなく守備もやりたくなりますね。あと、安達選手には開幕戦でセカンドか、ショート必ず守っていてほしい。

安達 分かりました。なんとか試合に出られるように頑張ります。丈一郎ファンのみなさんは、始球式終わっても帰らないでください（笑）。

安達了一×藤原丈一郎

内野守備の"極意"を伝授！

藤原丈一郎（ふじわら・じょういちろう）
1996年2月8日生まれ、大阪府出身。人気アイドルグループ・なにわ男子のメンバーで、2021年11月にCDデビューを果たした。愛称は「じょー」。「じゃがいもデー」をきっかけにバファローズファンになり、中学1年生からファンクラブ会員に。身長168cm、右投右打

今年中には安定した守備ができるようになりたい！

安達了一×藤原丈一郎
「内野守備の極意を伝授！」の
熱い指導の様子は
「BsTV」で公開中です！

 BsTV

BsTV-オリックス・バファローズ 公式

YouTube

バファローズ意識

調査

バファローズの選手たちにアンケートを実施!
定番の質問から変化球の質問まで、5つの質問で選手たちの素顔に迫ります!
気になる選手の回答は要チェック。意外な思考が見えるかも?
※無回答だった選手は省略

Q.あなたは何カレー派?

【牛肉】
エスピノーザ、マチャド、東松、
芦田、廣岡、セデーニョ、西川
【牛すじ】
川瀬、紅林、来田

【とり肉】
本田、椋木、
宜保

【肉】
元

【ひき肉】
小木田

カレーは
苦手……。

バファローズカレー

＜材料＞

【米】
吉田、富山、T-岡田、木下
【ルー】
曽谷、権田、才木、大江、石川、
村上、野口、山足、杉澤
【ジャガイモ】
山下、東、平野佳、齋藤、前、鈴木、
髙島、古田島、宮國、福永、堀、内藤、
大里、上野、池田、平野大、山中、
藤原(なにわ男子)
【玉ねぎ】
宇田川、阿部、村西、田嶋、横山楓、
小野、森、横山聖、河野、佐野
【ニンジン】
山﨑、比嘉、山田、
河内、宗、太田、香月
【りんご】中田(隠し味)、若月、茶野
【ナス】井口
【ごぼう】寿賀
【ハチミツ】宮城
【塩】トーマス

＜トッピング＞

【福神漬け】
佐藤、大城、渡部、小田
【らっきょう】安達
【チーズ】頓宮
【ラオウ】杉本

福田 周平

サル
宮城、吉田、齋藤、小木田、古田島、寿賀、宮國、堀、西野、横山聖、大里

イヌ
山田、髙島、川瀬、才木（柴犬）、小野、芦田、村上、宗、宜保、香月、西川、元（大型犬）、平野大

中川 圭太

椋木 蓮

アラスカン・マラミュート

キツネ
東、権田

佐野 皓大

シロクマ
東松 快征

Q2
俺を動物に
例えると？

ミーアキャット

渡部 遼人

入山 海斗

内藤 鵬

オオカミ
杉澤、小田

来田 涼斗

ネコ
田嶋、茶野

村西 良太

クマ
宇田川、大江、山中

頓宮 裕真

ゴリラ
中田、富山、
木下、佐藤（orサル）

鈴木 博志

タヌキ
若月、太田、山足

曽谷 龍平

カンガルー

山﨑 颯一郎

ウマ
エスピノーザ

ライオン
阿部、ゴンザレス

セデーニョ

カバ
T-岡田

ナマケモノ
横山 楓

紅林 弘太郎

ハクビシン

石川 亮

ペンギン

野口 智哉

チンパンジー

その他の回答
【ウサギ】本田　【イノシシ】森
【トラ】マチャド、福永　【ゾウ】廣岡
【カワウソ】上野　【パンダ】池田
【モグラ】井口　【キリン】トーマス
【ラオウ】杉本
【リスザル】藤原（なにわ男子）

03
犬派？ 猫派？

猫派

宇田川、村西、本田、横山楓、大江、若月、太田、横山聖、河野、来田、池田

どっちも 5人

猫派 11人

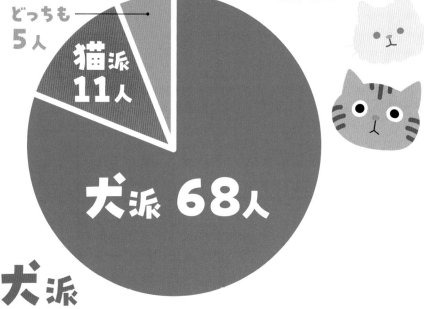

犬派 68人

犬派

エスピノーザ、山下、東、平野佳、曽谷、山岡、阿部、吉田、齋藤、田嶋、比嘉、マチャド、前、東松、カスティーヨ、小木田、山田、河内、鈴木、髙島、古田島、権田、佐藤、中田、川瀬、入山、寿賀、宮國、芦田、椋木、富山、井口、小野、森、福永、石川、頓宮、堀、村上、安達、西野、宗、ゴンザレス、野口、大城、紅林、内藤、廣岡、山足、セデーニョ、宜保、大里、中川、上野、香月、渡部、西川、元、杉澤、佐野、トーマス、T-岡田、茶野、杉本、平野大、山中、木下、藤原（なにわ男子）

どっちも 宮城、山﨑、才木、福田、小田（犬4：6猫）

ボケ

エスピノーザ、山下、宮城、宇田川、阿部、村西、マチャド、本田、横山楓、小木田、山田、鈴木、河内、古田島、寿賀、宮國、大江、芦田、富山、若月、石川、頓宮、村上、西野、野口、紅林、内藤、セデーニョ、大里、元、杉澤、池田、トーマス、杉本、平野大

どちらでもない

田嶋、カスティーヨ

なんでやねん

エスピノーザ

ゴンザレス

Q4
ボケ？ ツッコミ？

ツッコミ

東、曽谷、齋藤、比嘉、前、佐藤、川瀬、才木、椋木、小野、髙島、井口、森、福永、宗（ツッコミでありたい）、ゴンザレス、宜保、河野、上野、渡部、西川、来田、佐野、小田、茶野、山中

どっちも

平野佳、山﨑、吉田、東松、権田、中田、大城、廣岡、太田、山足、中川、香月、福田、T-岡田、木下、藤原（なにわ男子）

パイロット　比嘉幹貴

若月健矢　大エ

廣岡大志　ハリウッドスター

電車の運転士　茶野篤政

宗佑磨　髪切り屋さん

Q5 俺の小さいころの夢は?

たこ焼き屋　東晃平

宇宙飛行士　西川龍馬

ローソンの店員　杉本裕太郎

その他の回答

【(プロ)野球選手】山下、宮城、宇田川、平野佳、阿部、山﨑、村西、吉田、齋藤、前、カスティーヨ、小木田、山田、河内、高島、権田、佐藤、中田、川瀬、入山、寿賀、宮國、芦田、富山、小野、井口、森、福永、堀、村上、ゴンザレス、野口、内藤、太田、横山聖、大里、中川、河野、上野、香月、元、杉澤、来田、池田、佐野、トーマス、T-岡田、平野大、木下
【メジャーリーガー】エスピノーザ、マチャド、東松、福田　【サッカー選手(Jリーガー)】鈴木、西野(or野球選手)、紅林、宜保、渡部
【消防士】曽谷、才木、小田　【ウルトラマン】本田　【保育士】横山楓　【ドルフィントレーナー】椋木　【K-1ファイター】石川　【競艇選手】頓宮
【学校の先生】大城　【体操選手】山足　【医者】山中　【白バイ】大江　【日本一の男】古田島　【今のようないい生活を送る】セデーニョ
【高速道路の料金所の人】藤原(なにわ男子)

B's RANKING 2024

毎年恒例の大好評企画「B's RANKING」!
今年も選手のみなさんのご協力のもと、アンケートを実施しました。
アンケート結果とともに、選手の意外な一面が分かるかも!?

\男前!/
まじでモテる NO.1

2位 14票 小田 裕也
イケメンとはこれ!!／雰囲気がエロい／とにかく渋い!かっこいい／ダントツ／クールでかっこいい／いけおじ／かっこよくて優しい

1位 19票 山﨑 颯一郎
歓声が違う／スタイル、ルックスNo.1／ファンの数がやばい／めっちゃかっこいい／全てパーフェクト／俳優フェイス／アイドルみたいになってる／イケメンすぎてうざいわー

3位 4票 渡部 遼人
チャラ男／後輩の面倒見がいい／かっこいい／かっこかわいい

番外編 **T-岡田** 出てきたときの歓声がエグい

\おもしろい!/
ムードメーカー NO.1

2位 7票 石川 亮
「陽」の人だから／とにかくしゃべる／おもしろくはないけど明るい／常に元気!／普通にアホ／陽気な人

1位 13票 頓宮 裕真
明るくて元気がもらえる／いつも元気／おもしろい／何をしてもおもしろい／いつもおもしろい／おもしろくないときがほとんどだけど、時々ある一発がでかい

2位 7票 山中 尭之
おもしろい／みんなから愛されている／そんな感じがする／一発芸をいっぱい持っている

番外編 **福田 周平** 一番ツボでおもしろい

\頼れる!/
リーダーシップ NO.1

2位 5票 若月 健矢
信頼感の塊／引っ張ってくれる／自称"風紀委員長"をやってて、若手に厳しくしたいらしい

1位 13票 平野 佳寿
全てが完璧／頼れる。なんでも知ってる／みんなのお手本／ピッチャーをまとめあげている／一生ついていくっす!／背中で語る兄貴分

3位 4票 福永 奨
しっかりしている／二軍のリーダーだと思う／キャプテンシーがある

番外編 **小田 裕也** たまに厳しいのやめて

\不思議!?/
癖が強い NO.1

2位 9票 野口 智哉
何かずっとニコニコしてる／なんだろう……（笑）／いつも笑ってる／宇宙人だと思う／やばい!

1位 13票 紅林 弘太郎
なぞ／癖が強い／宇宙人!／そんな気がする／何を考えているのかわからない／すべてが謎

3位 7票 宇田川 優希
全ての癖が強い／The不思議ちゃん／謎すぎる／ミステリアスな人

番外編 **曽谷 龍平** 変なところでキレる

＼オシャレ！／ 私服センスがある NO.1

1位 22票
山岡 泰輔
とにかくかっこええ／毎日ランウェイ歩ける格好している／センスしかない／洋服いっぱい持ってる／なんでも似合う／かっちょいい／最先端すぎてもはや……／いつもオシャレ／モデルみたい／アーティストみたい

2位 9票
山﨑 颯一郎
背が高いからモデルみたい／オシャレ／スタイル良しでオシャレ／スタイルがいいからオシャレに見える／個人的に好き。真似したい

3位 3票
安達 了一
かわいい系／買い物に行って選んでほしい／シンプルに好き！

番外編 **比嘉 幹貴** ユニフォームの着こなしからすでにオシャレ／イケオジ

＼香水？ 柔軟剤？／ いい匂い NO.1

1位 14票
小田 裕也
香りがエロい／いつもいい匂い／めっちゃいい匂いする／すれ違ったときにふと香る／通るとふわっと香る／オシャレな匂い／僕に香水ください

2位 6票
T-岡田
香水が良い／香水いつも勝手に使ってます／大人の匂い

3位 6票
山岡 泰輔
何を使ってるのか逆に教えて欲しい／いつもいい匂い／高級な香水使ってる

番外編 **比嘉 幹貴** 脇に塗ってるヤツいい匂い／通ったら比嘉さんってわかる

＼かわいい！／ オリの末っ子 NO.1

1位 14票
宮城 大弥
子どもっぽい／甘えてくる／かわいい／好き／あざとい／自分がかわいいポイントを知ってる

1位 14票
齋藤 響介
とにかくかわいい！／かわいい／おとなしい／置物みたい／みんなの響ちゃん

3位 10票
池田 陵真
キッズ／憎たらしいけどかわいい／かわいらしい／かわちい／人懐っこい

番外編 **平野 大和** 訛りが好き

＼歌手デビュー♪／ 歌が上手い NO.1

1位 27票
宗 佑磨
一回デビューさせましょう／歌手かと思った／上手い／たまに聞くが上手い／鼻歌がすでに上手い／英語の発音完璧／部屋から聞こえてくる美声／よくアカペラで歌ってる／声が気持ちいい／英語の発音がいい

2位 7票
元 謙太
シンプルに上手い／上手いらしい／上手いと思っていつも歌ってる／上手いってよく聞く

3位 5票
東 晃平
口ずさんでいるのがもう上手い／上手い／透き通った声で歌う／歌い方がセクシーでプロっぽい

番外編 **福田 周平** 自分が一番上手いと豪語してくる

\なんでやねん!/ オリのツッコミ NO.1

1位 12票

阿部 翔太

すぐつっこむ／ボケもつっこみもいつもしている／おしゃべり大好き／関西人／よくいじられ、つっこんでいる／ずっとつっこんでる／つっこんで、すべって、おもしろい／関西ぶってる

5位 5票

頓宮 裕真

つっこむから／拾ってくれる

3位 3票

福田 周平

ロッカーでつっこんでいるのが聞こえてくる／拾ってからつっこむまでのスピードが速い

番外編 T-岡田 いつも「なんでやねん」って言ってくる

\爆釣!/ 釣名人 NO.1

1位 6票

山中 尭之

ずっと釣りをしているイメージ／鯉をたくさん釣ってた

2位 5票

佐野 皓大

いつも釣りの話し／練習後によく釣りに行ってる

3位 3票

村西 良太

釣りの話をよくする／オフはめっちゃ釣ってる

番外編 森 友哉 俺!今年デビュー

\優しい!/ はげましてくれる人 NO.1

1位 8票

比嘉 幹貴

とにかく優しい／いつも「ナイスピー」って言ってくれる／切り替えを教えてくれた／試合後絶対に褒めてくれる

2位 5票

T-岡田

パパみたいな存在。というよりもパパ／優しい／よく声をかけてくれる

3位 4票

西野 真弘

とにかく優しい／みんなに声かけしている

番外編 前田スコアラー 励ましてくれる。優しい!

\練習の虫!/ 努力家 NO.1

1位 28票

山下 舜平大

そろそろ住民票をウエイトルームにした方がいい／いつも練習場にいる／たくさん練習をしている／トレーニングずっとしている／トレーニングルームで絶対に会う／とにかくすごい／努力家／ずっと筋トレ／ストイック／ウエイトやりまくってる／体が仕上がってる

2位 7票

山足 達也

朝早くから動いている／試合後にトレーニングからバッティングまで遅くまでしている／すごすぎて言葉にならない

3位 4票

佐藤 一磨

いつも練習場にいてる／いつも練習している／いつも会う

番外編 池田 陵真 自分に厳しい!

プロに入ってから今までで一番変わったと思う選手は？

山下 舜平大
1位 7票
体が大きくなった／ごつくなった／思ったよりアホだった／体がめちゃくちゃデカくなった／体の大きさがかなり変わった／体が仕上がっている

宮城 大弥
2位 6票
見た目が変わった／年々若返っている気がする／あざとかわいくなった

茶野 篤政
3位 5票
人と会話できるようになった／一軍で活躍している／雰囲気が変わった

番外編 **杉本 裕太郎** 入ってきたときはカリカリだった！

一緒にご飯に行きたい選手は？

平野 佳寿
1位 7票
いろいろ聞きたいこといっぱい／おいしいところいっぱい知ってる／普段食べられないようなお店に連れて行ってほしい／いろんなこと知ってるから勉強になる

森 友哉
1位 7票
森さんと行きたいです／まだ行けてないから／連れてってください！／絶対おもしろいと思う

T-岡田
3位 4票
パパだから／良き父／カモりたい／パパとご飯が食べたい／お父さんとご飯食べているみたいな感じになる

番外編 **宇田川 優希** いっぱい食べてくれる

一緒にドライブをしたい選手は？

山下 舜平大
2位 5票
運転がうまい／車が好きだから／いい車に乗っているから／車がかっこいい

杉本 裕太郎
3位 2票
かっこいい／ドライブしたら楽しそう

宗 佑磨
1位 6票
一緒にいるのが好きだから（笑）／同じ系統の歌が好きやから／歌が上手いから／隣で歌っていてほしい

番外編 **マーウィン・ゴンザレス** かっこいい洋楽を流してくれそう

プライベートを知りたい選手は？

山下 舜平大
2位 6票
普段の生活が気になる／普段何をしているかわからない／いろいろ心配だから気になる

田嶋 大樹
1位 10票
知りたすぎる、謎／謎が多い／普段、何をしているのだろうか……／すごく気になる／本当に気になる／野球しているときも不思議だから

森 友哉
3位 4票
すごいお店とか行ってそう／どんなプライベート過ごしているのか気になる

番外編 **比嘉 幹貴** 比嘉さんがパパしているところを見てみたい

1泊2日の旅行に行きたい選手は？

頓宮 裕真
2位 3票
おもしろそう／アホやから絶対楽しい／楽しかったねーで終われそう

西野 真弘
1位 4票
わがままにつき合ってくれそう／友だちだから一緒に行きたい／何でも許してくれて、なんでもやってくれそう／無理を言ってもつき合ってくれそう

元 謙太
3位 2票
おもしろいし同期だから／元が僕のこと好きだから

番外編 **小木田 敦也** きっとなんでもしてくれる

○○選手にちょっとヒトコト言わせて！

PERFECT DATABASE 2024

パーフェクトデータベース

プレー以外に関するデータから出身地や誕生日などをピックアップ。
詳細データを把握すれば、球場やテレビでの野球観戦がより楽しくなる!

DATABASE > 誕生日＆星座

1月
7日	3	安達	♑
7日	129	井口	♑
12日	23	吉田	♑
13日	042	大江	♑
18日	—	中垣コーチ	♑
22日	127	椋木	♒
24日	76	風岡コーチ	♒
28日	98	権田	♒

2月
7日	24	紅林	♒
9日	55	T-岡田	♒
9日	044	芦田	♒
14日	31	太田	♒

3月
8日	16	平野佳	♓
9日	00	エスピノーザ	♓
10日	020	山中	♓
10日	54	カスティーヨ	♓
14日	8	ゴンザレス	♓
22日	66	鈴木	♈
27日	78	中嶋監督	♈

4月
5日	99	杉本	♈
9日	30	廣岡	♈
12日	67	中川	♈
16日	63	河内	♈
16日	001	佐藤	♈
16日	126	香月	♈
21日	72	平井コーチ	♈
22日	42	マチャド	♉
26日	124	上野	♉
29日	48	東松	♉

5月
3日	128	富山	♉
10日	71	岸田コーチ	♉
17日	27	元	♉
22日	045	河野	♊
25日	90	波留コーチ	♊
26日	032	入山	♊
30日	130	小野	♊

6月
2日	33	杉澤	♊
5日	80	小島コーチ	♊
6日	22	村西	♊
7日	6	宗	♊
8日	79	辻コーチ	♊
10日	031	才木	♊
14日	10	大城	♊
15日	21	山崎	♊
16日	041	寿賀	♊
18日	011	川瀬	♊
20日	84	鈴木コーチ	♊
29日	97	古田島	♋

7月
2日	81	田口コーチ	♋
7日	64	大里	♋
10日	70	松井コーチ	♋
16日	11	山下	♋
16日	62	堀	♋
17日	73	牧野コーチ	♋
20日	37	石川	♋
20日	86	由田コーチ	♋
25日	123	木下	♌
27日	46	本田	♌
28日	32	福永	♌

8月
2日	5	西野	♌
3日	29	田嶋	♌
4日	61	茶野	♌
7日	004	平野大	♌
7日	043	宮國	♌
7日	85	髙橋コーチ	♌
8日	1	福田	♌
8日	4	森	♌
11日	75	厚澤コーチ	♌
13日	43	前	♌
16日	74	山崎コーチ	♌
22日	40	セデーニョ	♌
24日	39	池田	♍
25日	13	宮城	♍

9月
2日	0	渡部	♍
2日	41	佐野	♍
13日	003	中田	♍
19日	57	山田	♍
19日	91	飯田コーチ	♍
20日	9	野口	♍
22日	19	山岡	♍

10月
1日	88	水本コーチ	♎
4日	2	若月	♎
5日	25	内藤	♎
8日	45	トーマス	♎
10日	56	小木田	♎
10日	83	小谷野コーチ	♎
11日	77	梵コーチ	♎
16日	38	来田	♎
26日	36	山足	♏
28日	34	横山聖	♏

11月
3日	20	阿部	♏
4日	50	小田	♏
10日	14	宇田川	♏
17日	44	頓宮	♏
18日	26	齋藤	♏
26日	53	宜保	♐
30日	17	曽谷	♐
30日	89	小林二軍監督	♐

12月
1日	034	村上	♐
3日	96	髙島	♐
7日	35	比嘉	♐
10日	7	西川	♐
14日	12	東	♐
23日	87	齋藤コーチ	♑
28日	52	横山楓	♑

※ ♑山羊座（12月22日〜1月19日）　♒水瓶座（1月20日〜2月18日）　♓魚座（2月19日〜3月20日）
♈牡羊座（3月21日〜4月19日）　♉牡牛座（4月20日〜5月20日）　♊双子座（5月21日〜6月21日）
♋蟹座（6月22日〜7月22日）　♌獅子座（7月23日〜8月22日）　♍乙女座（8月23日〜9月22日）
♎天秤座（9月23日〜10月23日）　♏蠍座（10月24日〜11月22日）　♐射手座（11月23日〜12月21日）

DATABASE > 入団年

2006年	2010年	2012年	2014年	2015年	2016年	2017年	2018年	2019年	2020年	2021年	2022年	2023年	2024年
55 T-岡田(高1)	35 比嘉(2)	3 安達(1)	2 若月(3)	6 宗(2)	10 大城(3)	19 山岡(1)	29 田嶋(1)	31 太田(1)	13 宮城(1)	11 山下(1)	127 椋木(1)	17 曽谷(1)	34 横山聖(1)
	57 山田(3)			41 佐野(3)	99 杉本(10)	21 山崎(6)	1 福田(3)	44 頓宮(2)	24 紅林(2)	27 元(2)	9 野口(2)	25 内藤(2)	63 河内(2)
				5 西野(7)			46 本田(4)	128 富山(4)	22 村西(3)	38 来田(3)	32 福永(3)	26 齋藤(3)	48 東松(3)
				50 小田(8)			36 山足(4)	53 宜保(5)	43 前(4)	20 阿部(6)	0 渡部(4)	33 杉澤(4)	62 堀(4)
							12 東(育2)	67 中川圭(7)	001 佐藤(育1)	011 川瀬(育1)	39 池田(5)	031 才木(育2)	96 髙島(5)
									003 中田(育3)	14 宇田川(育3)	52 横山楓(6)	032 入山(育3)	97 古田島(6)
									004 平野大(育4)	16 平野佳(復)	56 小木田(7)	61 茶野(育4)	98 権田(7)
											020 山中(育1)	034 村上(育5)	041 寿賀(育1)
											64 大里(育3)	4 森(FA)	042 大江(育2)
												37 石川(ト)	043 宮國(育3)
												30 廣岡(ト)	044 芦田(育4)
												8 ゴンザレス(助)	045 河野(育5)
												40 セデーニョ(助)	7 西川(FA)
												124 上野(他)	23 吉田(ト)
												130 小野(他)	66 鈴木(現)
													00 エスピノーザ(助)
													42 マチャド(助)
													45 トーマス(助)
													54 カスティーヨ(助)
													123 木下(他)
													126 香月(他)
													129 井口(他)

略称は以下の通り
（数字）＝ドラフト順位　（高〜）＝高校生ドラフト/指名順位
（大・社〜）＝大学・社会人ドラフト/指名順位
（育〜）＝育成ドラフト/指名順位
（FA）＝FA入団　（ト）＝トレード　（現）＝現役ドラフト
（復）＝復帰　（助）＝新加入の外国人選手　（他）＝その他

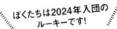

ぼくたちは2024年入団の
ルーキーです!

DATABASE > 経歴

合計 83人
高卒 37人
大卒 18人
社会人 17人
MLB 5人
米マイナー 5人
独立L 1人

新人選手 入団発表記者会見

横山 聖哉（よこやま せいや）
上田西高校【長野県出身】
ドラフト1巡目

河内 康介（かわち こうすけ）
聖カタリナ学園高校【大阪府出身】
ドラフト2巡目

東松 快征（とうまつ かいせい）
享栄高校【愛知県出身】
ドラフト3巡目

ぼくたちの出身地はここです！

海外出身者6名

アメリカ
45 トーマス

ベネズエラ
00 エスピノーザ(U.E. ホセ・マリア・エスパーニャ高)
8 ゴンザレス(ラ・セイヨ高)
40 セデーニョ(リセオ・ヴィルヘン・デル・ロサリオ高)
42 マチャド(ウニダッド・エデュカティバ・ウラマ高)

ドミニカ共和国
54 カスティーヨ(リセオ・パドレ・ファンティノ高)

中部出身者12名

福井
57 山田(敦賀気比高)

岐阜
27 元(中京高)

石川
21 山崎(敦賀気比高／福井県)
86 由田コーチ(桐蔭学園高／神奈川県)

愛知
25 内藤(日本航空高石川／石川県)
48 東松(享栄高)
76 風岡コーチ(中部大春日丘高)
87 齋藤コーチ(豊田大谷高)

長野
34 横山聖(上田西高)
98 権田(上田西高)

静岡
24 紅林(駿河総合高)
66 鈴木(磐田東高)

※富山、山梨、新潟出身者なし

中国出身者7名

広島
19 山岡(瀬戸内高)
77 梵コーチ(三次高)
89 小林二軍監督(崇徳高)

岡山
44 頓宮(岡山理科大附高)
85 高橋コーチ(津山工高)
88 水本コーチ(倉敷工高)

山口
127 椋木(高川学園高)

※島根、鳥取出身者なし

北海道出身者1名

北海道
96 髙島(滝川西高)

東北出身者6名

秋田
23 吉田(金足農高)
33 杉澤(東北高／宮城県)
56 小木田(角館高)
78 中嶋監督(鷹巣農林高)

岩手
26 齋藤(盛岡中央高)
64 大里(盛岡大附属高)

※青森、山形、宮城、福島出身者なし

関東出身者22名

群馬
3 安達(榛名高)
80 小島コーチ(桐生第一高)

埼玉
2 若月(花咲徳栄高)
14 宇田川(八潮南高)
75 厚澤コーチ(大宮工高)

神奈川
6 宗(横浜隼人高)
32 福永(横浜高)
37 石川(帝京高／東京都)
46 本田(星槎国際高湘南)
001 佐藤(横浜隼人高)
129 井口(武相高)

栃木
29 田嶋(佐野日大高)

東京
0 渡部(桐光学園高)
5 西野(東海大付浦安高／千葉県)
73 牧野コーチ(山梨学院大付高／山梨県)
83 小谷野コーチ(創価高)
84 鈴木コーチ(東海大菅生高)
中垣コーチ(狛江高)

茨城
97 古田島(取手松陽高)
020 山中(つくば秀英高)
91 飯田コーチ(常総学院高)

千葉
044 芦田(千葉英和高)

九州出身者15名

熊本
50 小田(九州学院高)

福岡
11 山下(福岡大大濠高)
045 河野(九州産大九州高)
126 香月(大阪桐蔭高／大阪府)
130 小野(折尾愛真高)

大分
41 佐野(大分高)
011 川瀬(大分商高)

宮崎
52 横山楓(宮崎学園高)
004 平野大(日章学園高)

佐賀
042 大江(神埼清明高)

沖縄
10 大城(興南高)
13 宮城(興南高)
35 比嘉(コザ高)
53 宜保(KBC学園未来高沖縄)
043 宮國(東邦大／愛知県)

※鹿児島、長崎出身者なし

四国出身者4名

愛媛
034 村上(東福岡高／福岡県)
72 平井コーチ(宇和島東高)

徳島
99 杉本(徳島商高)

香川
041 寿賀(英明高)

※高知出身者なし

近畿出身者32名

兵庫
12 東(神戸弘陵学園高／愛媛県)
22 村西(津名高)
38 来田(明石商高)
62 堀(報徳学園高)
74 山﨑コーチ(報徳学園高)
81 田口コーチ(西宮北高)

滋賀
61 茶野(中京高／岐阜県)

奈良
9 野口(鳴門渦潮高／徳島県)
17 曽谷(明桜高／秋田県)

京都
16 平野佳(京都鳥羽高)
90 波留コーチ(京都大谷高)

大阪
1 福田(広陵高／広島県)
4 森(大阪桐蔭高)
7 西川(敦賀気比高／福井県)
20 阿部(酒田南高／山形県)
30 廣岡(智辯学園高／奈良県)
31 太田(天理高／奈良県)
36 山足(大阪桐蔭高)
39 池田(大阪桐蔭高)
63 河内(聖カタリナ学園高／愛媛県)
67 中川(PL学園高)
55 T-岡田(履正社高)
031 才木(北海道栄高／北海道)
032 入山(日高高中津分校／和歌山県)
123 木下(敦賀気比高／福井県)
124 上野(京都国際高／京都府)
70 松井コーチ(大阪商業大堺高)
71 岸田コーチ(履正社高)
79 辻コーチ(松商学園高／長野県)

和歌山
003 中田(大阪桐蔭高／大阪府)
128 富山(九州国際大付高／福岡県)

三重
43 前(津田学園高)

A型（24名）

1 福田	29 田嶋	66 鈴木	041 寿賀
4 森	35 比嘉	003 中田	044 芦田
13 宮城	38 来田	011 川瀬	045 河野
17 曽谷	41 佐野	020 山中	124 上野
19 山岡	43 前	031 才木	126 香月
25 内藤	46 本田	032 入山	130 小野

B型（19名）

6 宗	20 阿部	32 福永	62 堀	99 杉本
9 野口	21 山崎	55 T-岡田	67 中川	034 村上
10 大城	24 紅林	57 山田	96 髙島	042 大江
11 山下	31 太田	61 茶野	97 古田島	

O型（27名）

0 渡部	14 宇田川	33 杉澤	53 宜保	123 木下
2 若月	16 平野佳	37 石川	63 河内	127 椋木
3 安達	22 村西	39 池田	64 大里	129 井口
5 西野	26 齋藤	48 東松	98 権田	
7 西川	27 元	50 小田	004 平野大	
12 東	30 廣岡	52 横山楓	043 宮國	

AB型（6名）

23 吉田	56 小木田
36 山足	001 佐藤
44 頓宮	128 富山

不明（7名）

00 エスピノーザ	40 セデーニョ	54 カスティーヨ
8 ゴンザレス	42 マチャド	
34 横山聖	45 トーマス	

19歳	34 横山聖	48 東松	62 堀	63 河内	041 寿賀	043 宮國		
20歳	25 内藤	26 齋藤						
21歳	39 池田							
22歳	11 山下	24 紅林	27 元	38 来田	011 川瀬			
23歳	13 宮城	23 吉田	31 太田	43 前	123 木下			
24歳	17 曽谷	33 杉澤	53 宜保	98 権田	031 才木	032 入山	034 村上	042 大江	044 芦田	045 河野	127 椋木
25歳	0 渡部	9 野口	12 東	32 福永	46 本田	61 茶野	64 大里	96 髙島	97 古田島	020 山中
26歳	00 エスピノーザ	14 宇田川	21 山崎	40 セデーニョ	56 小木田			
27歳	22 村西	30 廣岡	52 横山楓	66 鈴木	128 富山			
28歳	6 宗	29 田嶋	41 佐野	44 頓宮	67 中川	126 香月		
29歳	2 若月	4 森	19 山岡	37 石川	54 カスティーヨ			
30歳	7 西川	45 トーマス	129 井口	130 小野				
31歳	10 大城	36 山足	42 マチャド					
32歳	1 福田	20 阿部						
33歳	57 山田	99 杉本						
34歳	5 西野							
35歳	8 ゴンザレス	50 小田						
36歳	3 安達	55 T-岡田						
37歳								
38歳								
39歳								
40歳	16 平野佳							
41歳								
42歳	35 比嘉							

平均 **26.3**歳

インターネットでの入会がおすすめ！

PCからはこちら 🔍 https://www.buffaloes.co.jp/fanclub/ **SEARCH**

継続入会 される方は ここからスタート！

STEP1 マイページから継続手続き

「継続入会手続きはこちら」をクリック

STEP2 会員種別選択

①会員規約をお読みいただき同意するにチェック
②希望する種別・コースを選択
③「登録情報の入力に進む」をクリック

新規入会 される方は ここからスタート！

STEP1 メールアドレスを入力

登録するメールアドレスを入力し、「送信する」をクリック

STEP2 会員種別選択

①会員規約をお読みいただき同意するにチェック
②どちらかを選択しクリック
③「有料会員の場合」は希望する種別・コースを選択しクリック

本人確認メールの配信

2023年度会員以外のお客様はご登録いただいたメールアドレスに本人確認メールが送信されます

本人確認メールの到着

本人確認メールの「新規に入会をご希望の方」に記載している「URL」を選択

【BsCLUB】オリックス・バファローズ ファンクラブ会員登録のご案内

■既に BsCLUB 会員の方
既に BsCLUB への入会がお済みの方で継続入会をご希望の方は、マイページへログインの上で手続きをお願いいたします。
マイページへは以下の URL からアクセスして下さい。
https://fanclub.buffaloes.co.jp/

■新規に入会をご希望の方
下記 URL をクリックして会員登録を行ってください。
https://dummydummydummydummydummy
dummydummydummydummydummydummy
dummydummydummydummydummy

STEP3 お客様情報入力

会員登録に必要な項目の入力
必須項目入力後「登録情報の確認に進む」をクリック

STEP4 入力情報の確認

入力情報に間違いがないかを確認

STEP5 決済情報入力

お支払い方法を選択

STEP6 決済情報入力確認

入力情報に間違いがないかを確認

STEP7 登録完了画面

STEP8 登録完了メール

2024年度会員証番号：0123456789
○○○○○様

この度は、オリックス・バファローズ BsCLUBにご入会いただきありがとうございます。

ご選択の会員証：アプリ会員証
会員種別：レギュラー会員

本メールをもちまして登録手続きが完了しましたことをお知らせいたします。
マイページは2024年2月からご利用いただけます。

アプリ会員証・各種BsCLUB指定席引換券は、
2024年2月中旬ごろにアプリ内に表示されます。

マイページログインURL：
https://fanclub.buffaloes.co.jp/

このメールは、オリックス・バファローズのBsCLUB入会申し込み手続きをされた方にお送りしております。
このメールに心当たりがない場合は、大変お手数をお掛けしますがBsCLUB事務局までお問い合わせください。

「登録完了メール」が届けば入会完了！
※コンビニ払いを選択された場合、支払い方法を明記した仮登録完了メールが届きます。

※画像はイメージです

アプリ会員証注意事項

※アプリとは「オリックス・バファローズ公式アプリ」のことを指します。アプリ会員証を選択するには「オリックス・バファローズ公式アプリ」をインストールいただく必要があります。
※エクストラプレミアムメンバー・プラチナ会員・ゴールド会員・無料会員は「アプリ会員証」のみ、ジュニア会員は「カード会員証」のみとなります。
※オリックス・バファローズ公式アプリはiOS11.0以降のiPhone、またはAndroid5.0以降のAndroidスマートフォン端末に対応しています。ただし、一部対象外の機種がございますので、アプリ会員ご希望の場合は必ずご入会前にアプリをインストールできるかのご確認をお願いいたします。
※アプリをインストールできない場合はアプリ会員になることができませんのでご了承ください。
※お客様の端末を起因とするアプリの不具合（正常な動作を行えない）が発生した場合、動作およびアプリでの会員サービスの保証はいたしかねます。

ORIX BUFFALOES
選手名鑑2024

PITCHER ———— 投手

11	山下 舜平大
12	東 晃平
13	宮城 大弥
14	宇田川 優希
16	平野 佳寿
17	曽谷 龍平
19	山岡 泰輔
20	阿部 翔太
21	山﨑 颯一郎
22	村西 良太
26	齋藤 響介
29	田嶋 大樹
35	比嘉 幹貴
43	前 佑囲斗
46	本田 仁海
52	横山 楓
56	小木田 敦也
57	山田 修義
001	佐藤 一磨
003	中田 惟斗
011	川瀬 堅斗
031	才木 海翔
032	入山 海斗
127	椋木 蓮
128	富山 凌雅
130	小野 泰己

CATCHER ———— 捕手

2	若月 健矢
4	森 友哉
32	福永 奨
37	石川 亮
44	頓宮 裕真
034	村上 喬一朗

INFIELDER ———— 内野手

3	安達 了一
5	西野 真弘
6	宗 佑磨
8	マーウィン・ゴンザレス
9	野口 智哉
10	大城 滉二
24	紅林 弘太郎
25	内藤 鵬
30	廣岡 大志
31	太田 椋
36	山足 達也
40	レアンドロ・セデーニョ
53	宜保 翔
64	大里 昂生
67	中川 圭太
124	上野 響平

OUTFIELDER ———— 外野手

0	渡部 遼人
1	福田 周平
27	元 謙太
33	杉澤 龍
38	来田 涼斗
39	池田 陵真
41	佐野 皓大
50	小田 裕也
55	T-岡田
61	茶野 篤政
99	杉本 裕太郎
004	平野 大和
020	山中 尭之

NEW COMER ———— 新加入

00	アンダーソン・エスピノーザ
42	アンドレス・マチャド
54	ルイス・カスティーヨ
45	コーディ・トーマス
23	吉田 輝星
7	西川 龍馬
66	鈴木 博志
129	井口 和朋
126	香月 一也
123	木下 元秀

ROOKIE ———— ルーキー

34	横山 聖哉
63	河内 康介
48	東松 快征
62	堀 柊那
96	髙島 泰都
97	古田島 成龍
98	権田 琉成
041	寿賀 弘都
042	大江 海透
043	宮國 凌空
044	芦田 丈飛
045	河野 聡太

Q&Aの見方

❶俺のココを見てくれ!
❷俺をこう呼んでくれ!
❸俺は犬派?猫派?
❹俺が楽器を1つマスターできるなら何を選ぶ?
❺俺の「野球には役立たないかも…」と思ってしまうような、特技は?
❻俺のちょっとした自慢!
❼俺のラッキーカラー!
❽俺はボケ?ツッコミ?
❾俺がコンビニでよく買うものは?
❿俺の小さい頃の夢は?
⓫少年野球時代の一番の思い出は?
⓬俺のちょっとした贅沢!
⓭俺を動物に例えると!
⓮俺がカレーの具材だったら何?
⓯俺が会いたい有名人は?
⓰俺のお気に入りの香りは?
⓱俺が元気になりたい時の曲は?
⓲俺の好きな漫画のキャラクターは?
⓳バファローズの一番好きなところは?
⓴未来のプロ野球選手にひとこと!
㉑俺の今シーズンの目標・公約はコレだ!

Buffaloes

2024
MANAGER & COACHING LIST

首脳陣

PROFILE
- 生年月日 ※年齢は満年齢
- 身長・体重
- 出身地
- 投打

監督　78

中嶋 聡
NAKAJIMA
Satoshi

- 1969年3月27日(55歳)
- 182cm・84kg
- 秋田県
- 右投右打

CAREER	鷹巣農林高-阪急・オリックス(ドラフト3巡目・87〜97)-西武(98〜02)-横浜(03)-日本ハム(04〜15引退/07〜15は兼任コーチ)-日本ハム(18)-オリックス(19〜)
AWARDS & RECORDS	★ベストナイン<捕>(95) ★ゴールデン・グラブ賞<捕>(89) [日]最多実働年数29([パ]28) [パ]捕手・シーズン最高守備率1.000(06)

二軍監督　89

小林 宏
KOBAYASHI
Hiroshi

- 1970年11月30日(54歳)
- 183cm・83kg
- 広島県
- 右投右打

CAREER	崇徳高-広島経済大-オリックス(ドラフト1巡目・93〜04)-楽天(05引退)-オリックス(09〜14、16〜)

ヘッドコーチ　88

水本 勝己
MIZUMOTO
Katsumi

- 1968年10月1日(56歳)
- 180cm・102kg
- 岡山県
- 右投右打

CAREER	倉敷工高-松下電器-広島(ドラフト外・90〜91引退)-広島(07〜20)-オリックス(21〜)

巡回ヘッドコーチ　—

中垣 征一郎
NAKAGAKI
Seiichiro

- 1970年1月18日(54歳)
- 176cm・71kg
- 東京都

CAREER	狛江高-筑波大 【コーチ歴】日本ハム(13〜16)-オリックス(20〜)

野手総合コーチ　76

風岡 尚幸
KAZAOKA
Naoyuki

- 1968年1月24日(56歳)
- 176cm・71kg
- 愛知県
- 右投右打

CAREER	中部大春日丘高-阪急・オリックス(ドラフト6巡目・86〜97)-阪神(98〜00引退)-阪神(01〜04)-中日(05〜10)-阪神(11〜15)-オリックス(16〜)

育成チーフコーチ　90

波留 敏夫
HARU
Toshio

- 1970年5月25日(54歳)
- 174cm・75kg
- 京都府
- 右投右打

CAREER	京都大谷高-熊谷組-横浜(ドラフト2巡目・94〜01途)-中日(01途〜02)-ロッテ(03〜04引退)-横浜・DeNA(06〜13)-中日(14〜22)-オリックス(23〜)

投手コーチ　75

厚澤 和幸
ATSUZAWA
Kazuyuki

- 1972年8月11日(52歳)
- 184cm・82kg
- 埼玉県
- 左投左打

CAREER	大宮工高-国士舘大-日本ハム(ドラフト2巡目・95〜03引退)-日本ハム(04〜10、14〜21)-オリックス(22〜)

投手コーチ　72

平井 正史
HIRAI
Masafumi

- 1975年4月21日(49歳)
- 183cm・92kg
- 愛媛県
- 右投右打

CAREER	宇和島東高-オリックス(ドラフト1巡目・94〜02)-中日(03〜12)-オリックス(13〜14引退)-オリックス(15〜)
AWARDS & RECORDS	★最高勝率(95)　★最優秀救援投手(95) ★最優秀新人王(95)　★カムバック賞(03)

投手コーチ 73

牧野 塁
MAKINO
Rui

- 1974年7月17日（50歳）
- 182cm・89kg
- 東京都
- 右投右打

CAREER｜山梨学院大附高-オリックス（ドラフト3巡目・93〜03）-阪神（04〜06途）-楽天（06途〜08途）-広島（08途〜09引退）-オリックス（24〜）

投手コーチ 71

岸田 護
KISHIDA
Mamoru

- 1981年5月10日（43歳）
- 180cm・78kg
- 大阪府
- 右投右打

CAREER｜履正社高-東北福祉大-NTT西日本-オリックス（大社ドラフト3巡目・06〜19引退）-オリックス（20〜）

打撃コーチ 79

辻 竜太郎
TSUJI
Ryutaro

- 1976年6月8日（48歳）
- 180cm・78kg
- 大阪府
- 右投左打

CAREER｜松商学園高-明治大-ヤマハ-オリックス（ドラフト8巡目・02〜04）-楽天（05〜07）-信濃グランセローズ（08〜14引退）-オリックス（15〜）

打撃コーチ 83

小谷野 栄一
KOYANO
Eiichi

- 1980年10月10日（44歳）
- 177cm・88kg
- 東京都
- 右投右打

CAREER｜創価高-創価大-日本ハム（ドラフト5巡目・03〜14）-オリックス（15〜18引退）-楽天（19）-オリックス（20〜）

AWARDS & RECORDS｜★打点王（10）　★ベストナイン＜三＞（10）　★ゴールデン・グラブ賞＜三＞（09、10、12）

打撃コーチ 85

髙橋 信二
TAKAHASHI
Shinji

- 1978年8月7日（46歳）
- 182cm・90kg
- 岡山県
- 右投右打

CAREER｜津山工高-日本ハム（ドラフト7巡目・97〜11）-巨人（11）-オリックス（12〜14）-信濃グランセローズ（15引退／兼任コーチ）-日本ハム（16〜21）-オリックス（22〜）

AWARDS & RECORDS｜★ベストナイン＜一＞（09）　★ゴールデン・グラブ賞＜一＞（09）

内野守備・走塁コーチ 77

梵 英心
SOYOGI
Eishin

- 1980年10月11日（44歳）
- 173cm・76kg
- 広島県
- 右投右打

CAREER｜三次高-駒澤大-日産自動車-広島（ドラフト3巡目・06〜17引退）-オリックス（21〜）

AWARDS & RECORDS｜★最優秀新人（06）　★ゴールデン・グラブ賞＜遊＞（10）　★盗塁王（10）

内野守備・走塁コーチ 80

小島 脩平
KOJIMA
Shuhei

- 1987年6月5日（37歳）
- 177cm・78kg
- 群馬県
- 右投左打

CAREER｜桐生第一高-東洋大-住友金属鹿島-オリックス（ドラフト7巡目・12〜20引退）-オリックス（21〜）

選手兼任内野守備・走塁コーチ 3

安達 了一
ADACHI
Ryoichi

- 1988年1月7日（36歳）
- 179cm・80kg
- 群馬県
- 右投右打

CAREER｜榛名高-上武大-東芝-オリックス（ドラフト1巡目・12〜）

外野守備・走塁コーチ 81

田口 壮
TAGUCHI
So

- 1969年7月2日（55歳）
- 177cm・75kg
- 兵庫県
- 右投右打

CAREER｜西宮北高-関西学院大-オリックス（ドラフト1巡目・92〜01）-カージナルス（02〜07）-フィリーズ（08）-カブス（09）-オリックス（10〜11引退）-オリックス（16〜）

AWARDS & RECORDS｜★ベストナイン＜外＞（96）　★ゴールデン・グラブ賞＜外＞（95、96、97、00、01）

外野守備・走塁コーチ 70

松井 佑介
MATSUI
Yusuke

- 1987年7月10日（37歳）
- 185cm・87kg
- 大阪府
- 右投右打

CAREER｜大阪商業大堺高-東京農業大-中日（ドラフト4巡目・10〜19途）-オリックス（19途〜20引退）-オリックス（21〜）

バッテリーコーチ 87

齋藤 俊雄
SAITOH
Toshio

- 1983年12月23日（41歳）
- 180cm・85kg
- 愛知県
- 右投右打

CAREER｜豊田大谷高-三菱自動車岡崎-横浜（ドラフト10巡目・05〜09）-ロッテ（10）-オリックス（11〜16引退）-オリックス（18〜）

バッテリーコーチ 74

山崎 勝己
YAMAZAKI
Katsuki

- 1982年8月16日（42歳）
- 180cm・88kg
- 兵庫県
- 右投右打

CAREER｜報徳学園高-ダイエー・ソフトバンク（ドラフト4巡目・01〜13）-オリックス（14〜20引退）-オリックス（21〜）

育成コーチ 86

由田 慎太郎
YOSHIDA
Shintaro

- 1981年7月20日（43歳）
- 175cm・75kg
- 石川県
- 左投左打

CAREER｜桐蔭学園高-早稲田大-オリックス（ドラフト8巡目・04〜12引退）-オリックス（20〜）

育成コーチ 84

鈴木 昂平
SUZUKI
Kohei

- 1991年6月20日（33歳）
- 175cm・77kg
- 東京都
- 右投右打

CAREER｜東海大菅生高-東海大-三菱重工名古屋-オリックス（ドラフト7巡目・16〜19引退）-オリックス（20〜）

育成コーチ 91

飯田 大祐
IIDA
Daisuke

- 1990年9月19日（34歳）
- 181cm・85kg
- 茨城県
- 右投右打

CAREER｜常総学院高-中央大-Honda鈴鹿-オリックス（ドラフト7巡目・17〜20引退）-オリックス（21〜）

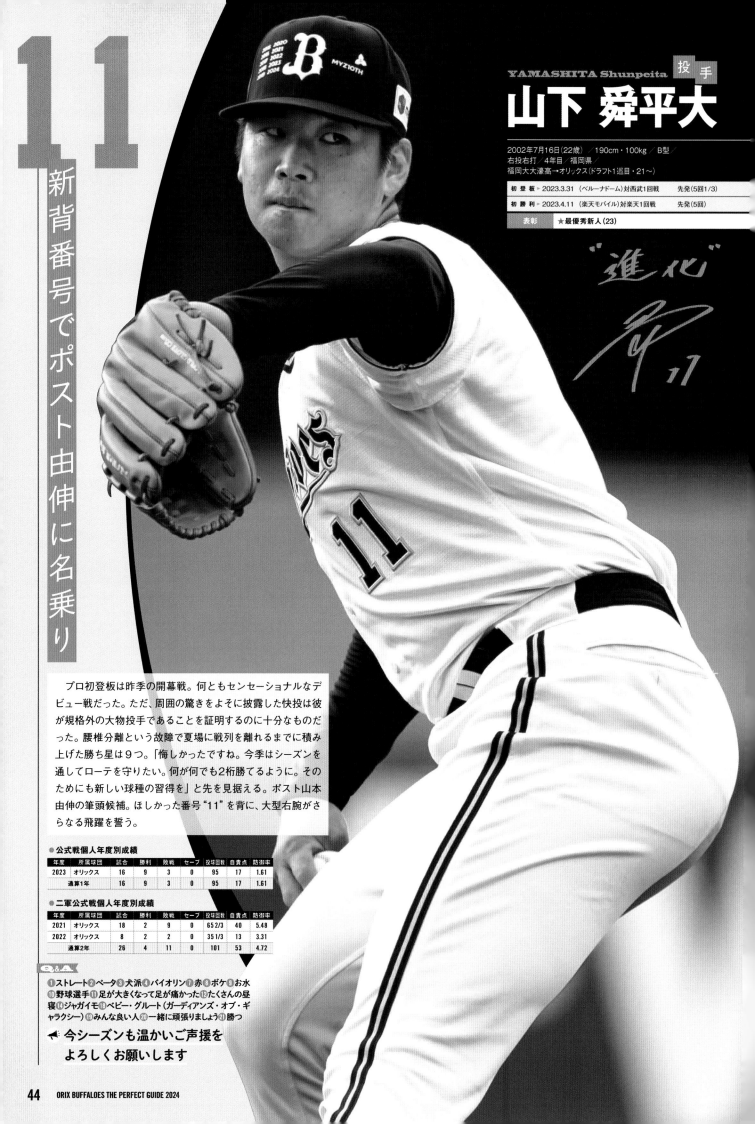

11

新背番号でポスト由伸に名乗り

YAMASHITA Shunpeita 投手

山下 舜平大

2002年7月16日（22歳）／190cm・100kg／B型／
右投右打／4年目／福岡県
福岡大大濠高→オリックス（ドラフト1巡目・21〜）

初 登 板	▶ 2023.3.31（ベルーナドーム）対西武1回戦	先発（5回1/3）
初 勝 利	▶ 2023.4.11（楽天モバイル）対楽天1回戦	先発（5回）
表彰	★最優秀新人（23）	

"進化"

プロ初登板は昨季の開幕戦。何ともセンセーショナルなデビュー戦だった。ただ、周囲の驚きをよそに披露した快投は彼が規格外の大物投手であることを証明するのに十分なものだった。腰椎分離という故障で夏場に戦列を離れるまでに積み上げた勝ち星は9つ。「悔しかったですね。今季はシーズンを通してローテを守りたい。何が何でも2桁勝てるように。そのためにも新しい球種の習得を」と先を見据える。ポスト山本由伸の筆頭候補。ほしかった番号"11"を背に、大型右腕がさらなる飛躍を誓う。

● 公式戦個人年度別成績

年度	所属球団	試合	勝利	敗戦	セーブ	投球回数	自責点	防御率
2023	オリックス	16	9	3	0	95	17	1.61
	通算1年	16	9	3	0	95	17	1.61

■ 二軍公式戦個人年度別成績

年度	所属球団	試合	勝利	敗戦	セーブ	投球回数	自責点	防御率
2021	オリックス	18	2	9	0	65 2/3	40	5.48
2022	オリックス	8	2	2	0	35 1/3	13	3.31
	通算2年	26	4	11	0	101	53	4.72

Q&A

①ストレート②ベータ③犬派④バイオリン⑦赤⑧ボケ⑨お水⑩野球選手⑪足が大きくなって足が痛かった⑫たくさんの昼寝⑭ジャガイモ⑬ベビー・グルート（ガーディアンズ・オブ・ギャラクシー）⑲みんな良い人⑳一緒に頑張りましょう㉑勝つ

📢 今シーズンも温かいご声援を
よろしくお願いします

12

"負けない"男の進化は止まらない

一昨年の一軍デビューから負けなしの7連勝。特に昨季は
シーズン後半からローテに定着し、日本シリーズ第3戦では、
敵地で好投。彼の存在感は高まるばかり。シーズンを通して
の活躍が期待される今季は、新しい背番号で勝負をかける。
「うれしいですね。この背番号に負けないようにしたい」と気
持ちも新たに飛躍を目指す。「高めに浮くストレートをなくし、
変化球の精度を上げること」と今季のテーマを口にした。育成
から先発ローテの軸へ！着実にステップアップの轍を刻む"負
けない男"の行く末が楽しみだ。

AZUMA Kohei 投 手

東 晃平

1999年12月14日（25歳）／178cm・90kg／O型
右投右打／7年目／兵庫県／神戸弘陵学園高→オリックス
（ドラフト育成2巡目・18〜）

| 初 登 板 | ▶ 2022.7.30（ZOZOマリン）対ロッテ17回戦 | 先発（4回2/3） |

| 初 勝 利 | ▶ 2022.8.6（京セラドーム大阪）対日本ハム18回戦 | 先発（5回1/3） |

三桁勝利

● 公式戦個人年度別成績

年度	所属球団	試合	勝利	敗戦	セーブ	投球回数	自責点	防御率
2022	オリックス	4	1	0	0	13	7	4.85
2023	オリックス	10	6	0	0	52 1/3	12	2.06
通算2年		14	7	0	0	65 1/3	19	2.62

■ 二軍公式戦個人年度別成績

年度	所属球団	試合	勝利	敗戦	セーブ	投球回数	自責点	防御率
2019	オリックス	19	5	7	0	96	41	3.84
2020	オリックス	6	0	2	0	18 1/3	14	6.87
2021	オリックス	18	5	9	1	88 1/3	39	3.97
2022	オリックス	15	1	3	0	67 2/3	26	3.46
2023	オリックス	12	5	2	0	62	15	2.18
通算5年		70	16	23	1	332 1/3	135	3.66

Q&A

❶ストレート ❷アズマ ❸犬 ❹ギター ❼黒 ❽ツッコミ ❾アイス ❿たこやき屋
⓬風呂上がりにアイス ⓭キツネ ⓮ジャガイモ ⓯粗品 ⓰柑橘系 ⓱うずまき
ナルト（NARUTO-ナルト-疾風伝）⓳仲がいい ⓴頑張れ!!! ㉑2桁勝利

🔈 たくさんの声援ありがとうございます！
全力で頑張ります

13

MIYAGI Hiroya

投手

宮城 大弥

2001年8月25日(23歳) ／171cm・80kg ／ A型／
左投左打／5年目／沖縄県／
興南高→オリックス(ドラフト1巡目・20〜)

初登板	2020.10.4 (京セラドーム大阪)対楽天18回戦 先発(5回)
初勝利	2020.11.6 (京セラドーム大阪)対日本ハム24回戦 先発(5回)
初完封	2022.8.27 (京セラドーム大阪)対西武23回戦
表彰	★最優秀新人(21)

エースの自覚を胸に!

3年連続2桁勝利をマークした日本代表投手なのだから、その地位がすでに確立されているのは間違いない。それでも本人は「実力も存在感もまだまだ」と謙遜する。チーム内での"愛されキャラ"は健在も、周囲はエースとしての"格"をも期待する。「今季こそ最後まで勝ちたい」の言葉にエースの決意がにじむ。「目標はリーグ4連覇と日本一奪還」。兄貴分が海を渡った今季、"13"番の背にかかる期待は大きく、重い。彼の最大にして最強の武器である60㎞/hの球速差。緩急自在の投球術でチーム軸として大車輪の活躍を誓う。

●公式戦個人年度別成績

年度	所属球団	試合	勝利	敗戦	セーブ	投球回数	自責点	防御率
2020	オリックス	3	1	1	0	16	7	3.94
2021	オリックス	23	13	4	0	147	41	2.51
2022	オリックス	24	11	8	0	148 1/3	52	3.16
2023	オリックス	22	10	4	0	146 2/3	37	2.27
通算4年		72	35	17	0	458	137	2.69

●二軍公式戦個人年度別成績

年度	所属球団	試合	勝利	敗戦	セーブ	投球回数	自責点	防御率
2020	オリックス	13	6	2	0	59 2/3	18	2.72
2021	オリックス	1	0	1	0	4	3	6.75
2023	オリックス	1	1	0	0	6	0	0.00
通算3年		15	7	3	0	69 2/3	21	2.71

Q&A

①投げているところ②ミヤギィ③犬、猫④カスタネット⑥あかぬけた⑦ピンク⑧ボケ⑨アイス⑩野球選手⑪常に怒られていた⑫試合で投げた後アイスを食べる⑬サル⑭ハチミツ⑮有村架純⑯強すぎない香り⑰みんないい曲⑱ナツ・ドラグニル(FAIRY TAIL)⑲優しさのかたまりな人の集まり⑳一緒に頑張ろう㉑タイトルを獲りたい

いつも応援ありがとうございます

14

中継ぎエースとしてシーズン完走を

昨季は春季キャンプ序盤からWBC球への対応に苦労し、チーム再合流後もコンディション不良に見舞われた。育成から日本代表にまでかけ上がったシンデレラボーイも、シーズン序盤は本来の投球ができない歯痒さを味わうことに……。ただ、体調が整った夏場以降から、彼本来のスピードが復活。中継ぎとして獅子奮迅の活躍でチームの首位快走を力強くアシストした。「背番号"14"に見合った投手に。開幕からしっかり投げ、シーズンを完走すること」と目標を口にする。勝ちパターンの中継ぎ右腕が懸命に腕を振る。

●公式戦個人年度別成績

年度	所属球団	試合	勝利	敗戦	セーブ	投球回数	自責点	防御率
2022	オリックス	19	2	1	0	22 1/3	2	0.81
2023	オリックス	46	4	0	2	45 2/3	9	1.77
通算2年		65	6	1	2	68	11	1.46

■二軍公式戦個人年度別成績

年度	所属球団	試合	勝利	敗戦	セーブ	投球回数	自責点	防御率
2021	オリックス	1	0	0	0	2/3	1	13.50
2022	オリックス	15	1	1	0	14 1/3	3	1.88
2023	オリックス	6	0	0	0	6 1/3	5	7.11
通算3年		22	1	1	0	21 1/3	9	3.80

Q&A

①投球フォームの胸の張り②うだ③猫④バイオリン⑤アドリブデタラメナダンス⑥いっぱい食べられる⑦青⑧ボケ⑨ウーロン茶⑩野球選手⑪親に内緒で幼馴染とコンビニに寄って家に帰る⑫温泉に行く⑬クマ⑭玉ねぎ⑮ダルビッシュ有投手⑯自分の香水⑰しょぼい顔すんなよベイベー⑱茂野吾郎(MAJOR)⑲チームの温かさ⑳自分を信じよう㉑信頼される投手

◀ 4連覇、日本一を目指して頑張ります

UDAGAWA Yuki　投手

宇田川 優希

1998年11月10日(26歳)／184cm・92kg／O型／右投右打／4年目／埼玉県／八潮南高→仙台大→オリックス（ドラフト育成3巡目・21〜）

初登板 ▶ 2022.8.3　(ベルーナドーム)対西武17回戦　8回より救援完了(1回)

初勝利 ▶ 2022.9.8　(ベルーナドーム)対西武25回戦　2回より救援(2回2/3)

初セーブ ▶ 2023.7.15 (PayPayドーム)対ソフトバンク13回戦

16

HIRANO Yoshihisa　投手

平野 佳寿

1984年3月8日（40歳）／186cm・88kg／O型／右投右打／16年目／京都府／京都鳥羽高→京都産業大→オリックス（大社ドラフト希望枠・06〜17）→ダイヤモンドバックス（18〜19）→マリナーズ（20）→オリックス（21〜）

初 登 板	2006.3.26（インボイスSEIBU）対西武2回戦　8回より救援（0/3回）
初 勝 利	2006.3.30（フルスタ宮城）対楽天3回戦　先発（6回）
初 完 封	2006.4.6　（大阪ドーム）対ロッテ3回戦
初セーブ	2010.7.28（スカイマーク）対日本ハム16回戦
タイトル	★最優秀中継ぎ投手（11）、最多セーブ（14）
表彰	★特別賞（11、14）

一所懸命
ORIX
16

● 公式戦個人年度別成績

年度	所属球団	試合	勝利	敗戦	セーブ	投球回数	自責点	防御率
2006	オリックス	26	7	11	0	172 1/3	73	3.81
2007	オリックス	27	8	13	0	171 2/3	71	3.72
2009	オリックス	20	3	12	0	114 1/3	60	4.72
2010	オリックス	63	7	2	2	80 2/3	15	1.67
2011	オリックス	72	6	2	2	83 2/3	18	1.94
2012	オリックス	70	7	4	9	79 2/3	19	2.15
2013	オリックス	60	2	5	31	62 2/3	13	1.87
2014	オリックス	62	1	6	40	60 1/3	23	3.43
2015	オリックス	33	0	3	12	31	14	4.06
2016	オリックス	58	4	4	31	61	13	1.92
2017	オリックス	58	3	7	29	57 1/3	17	2.67
2021	オリックス	46	1	3	29	43	11	2.30
2022	オリックス	48	3	2	28	46	8	1.57
2023	オリックス	42	3	2	29	40	5	1.13
通算14年		685	55	76	242	1103 2/3	360	2.94

● 二軍公式戦個人年度別成績

年度	所属球団	試合	勝利	敗戦	セーブ	投球回数	自責点	防御率
2008	サーパス	6	1	1	0	8	6	6.75
2009	オリックス	4	1	0	0	17	0	0.00
2015	オリックス	2	0	0	0	2	0	0.00
2017	オリックス	1	0	0	0	1	0	0.00
2021	オリックス	3	0	0	0	3	0	0.00
2023	オリックス	1	0	0	0	1	1	9.00
通算6年		17	2	1	0	32	7	1.97

Q&A

①頑張っている姿②ヨシ③犬④ギター⑥足の骨を永遠にならすことができる⑦白、黒、赤⑧両方⑨Yakult1000⑩野球選手⑪夏の合宿⑫ビールは生⑬ジャガイモ⑯グローブ（新しい）⑱信（キングダム）⑲選手ファースト⑳頑張ってください!!㉑優勝!! 4連覇!!

✍ いつも応援ありがとうございます

　昨季は日本人投手4人目の日米通算250セーブを達成し、名球会ブレザーに袖を通した。昨季まで積み上げてきた登板数はMLBでの150試合を加えると835。登板数は本人も強くこだわるところで、大台の1000試合までは残り165試合と迫ってきた。「岩瀬（仁紀）さんの記録（1002試合）に少しでも近づければ」と新たな目標を見据えている。今年3月で40歳。不惑を迎えても、ブルペン陣の支柱として9回のマウンドを死守するつもりだ。今季もチームを勝利に導く"HIRANO流"クロージングに注目だ!

投手

SOTANI Ryuhei

曽谷 龍平

ローテ定着目指す期待の左腕

2000年11月30日(24歳)／182cm・80kg／A型／左投左打／2年目／奈良県／明桜高→白鷗大→オリックス(ドラフト1巡目・23〜)

初登板・2023.4.26（エスコンフィールド）対日本ハム5回戦　8回より救援(1回)

初勝利・2023.10.9（京セラドーム大阪）対ソフトバンク25回戦　先発(6回)

　期待のドラ1左腕もルーキーイヤーはプロの壁の前に苦しんだ。課題は制球力。「キャッチボールの段階からコントロールを意識したい」と、本人も自覚する。ただ、10月9日の先発登板でマークしたプロ初勝利は大きな収穫。「あの1勝は大きかった。今季につながるはず」と手応えも。名前が示す年男。ローテ定着だ!

● 公式戦個人年度別成績

年度	所属球団	試合	勝利	敗戦	セーブ	投球回数	自責点	防御率
2023	オリックス	10	1	2	0	32 2/3	14	3.86
通算1年		10	1	2	0	32 2/3	14	3.86

● 二軍公式戦個人年度別成績

年度	所属球団	試合	勝利	敗戦	セーブ	投球回数	自責点	防御率
2023	オリックス	16	6	2	1	84 1/3	24	2.56
通算1年		16	6	2	1	84 1/3	24	2.56

Q&A

①笑顔②そったん③犬④太鼓⑤服をたたむのがうまい⑥髪のセットがうまい⑦ベージュ⑧ツッコミ⑨午後の紅茶⑩消防士⑪父との練習⑫ハーゲンダッツをたまに食べる⑬カンガルー⑭ルー⑮数原龍友⑯海の香り⑰EXILE⑱ジョルノ・ジョバァーナ（ジョジョの奇妙な冒険）⑲みんな仲が良い⑳できるまでやればできる㉑できるだけ勝つ

📢 応援3150

19

チームのために！投げる二刀流だ

YAMAOKA Taisuke 投 手

山岡 泰輔

1995年9月22日（29歳）／172cm・68kg／A型／
右投左打／8年目　広島県
瀬戸内高→東京ガス→オリックス・ドラフト1巡目・17〜

初 登 板 ▶	2017.4.13（京セラドーム大阪）対ロッテ3回戦	先発（6回0/3）
初 勝 利 ▶	2017.5.28（ZOZOマリン）対ロッテ8回戦	先発（6回）
初 完 封 ▶	2017.8.26（メットライフ）対西武19回戦	
初セーブ ▶	2023.9.14（楽天モバイル）対楽天19回戦	

タイトル	★最高勝率（19）

●公式戦個人年度別成績

年度	所属球団	登板	勝利	敗北	セーブ	投球回	自責点	防御率
2017	オリックス	24	8	11	0	149 1/3	62	3.74
2018	オリックス	30	7	12	0	146	64	3.95
2019	オリックス	26	13	4	0	170	70	3.71
2020	オリックス	12	4	5	0	69 1/3	20	2.60
2021	オリックス	12	3	4	0	69 1/3	30	3.89
2022	オリックス	22	6	8	0	128	37	2.60
2023	オリックス	31	2	1	3	94	24	2.30
通算7年		157	43	45	3	826	307	3.35

●二軍公式戦個人年度別成績

年度	所属球団	試合	勝利	敗戦	セーブ	投球回数	自責点	防御率
2017	オリックス	2	0	1	0	12	2	1.50
2019	オリックス	1	1	0	0	8	1	1.13
2020	オリックス	3	1	0	0	11 2/3	8	6.17
2021	オリックス	5	0	0	0	5	2	3.60
2022	オリックス	1	0	0	0	5	1	1.80
通算5年		12	2	1	0	41 2/3	14	3.02

Q&A
❷たいちゃん❸犬❹バイオリン❼赤、緑、白、黒⓮カレーが嫌い
⓰強すぎない香り⓱昌平君（キングダム）⓲仲が良い⓴楽しく
元気よく㉔4連覇

◀ "ありがとう"

　昨季はシーズン途中に先発から中継ぎに転向し、分厚い投手陣のなかで輝きを放った。「シーズン中の役割の変更に難しさはあったが、中継ぎの楽しさも難しさも体感できて良かった」と、自身のポジションチェンジをポジティブに捉えた。今オフは、新球の習得にも取り組んだ。「フォークです。（山本）由伸からヒントをもらって」彼独特の縦のスライダーやチェンジアップに、新たな決め球が加われば、投球の幅がさらに広がる。「先発でもリリーフでも、任せられたところで！」チームのために、二刀流も辞さない！

20

気合いとガッツで相手を制圧!

昨季は中継ぎ投手陣の軸として、キャリアハイの49試合に登板。だが、本人は「良いときとダメなときの波が大きかった」と、反省の意を込めて振り返った。公私ともに懇意にしていた近藤大亮(巨人)の背番号"20"を受け継いで迎える今季は「大亮さんの番号に恥じない投球を」と、意を決する。気持ちで相手打者に向かうスタイルはそのままに、さらなるパワーアップを目指すという今季は「1点台の防御率」と目標を定めた。気合十分、マウンド上で"阿部ちゃん"の咆哮が響く!

● 公式戦個人年度別成績

年度	所属球団	試合	勝利	敗戦	セーブ	投球回数	自責点	防御率
2021	オリックス	4	0	0	0	3 2/3	3	7.36
2022	オリックス	44	1	0	3	44	3	0.61
2023	オリックス	49	3	5	1	46 2/3	14	2.70
通算3年		97	4	5	4	94 1/3	20	1.91

■ 二軍公式戦個人年度別成績

年度	所属球団	試合	勝利	敗戦	セーブ	投球回数	自責点	防御率
2021	オリックス	10	1	1	0	15	4	2.40
2022	オリックス	7	0	1	1	5 2/3	1	1.59
2023	オリックス	4	0	0	1	4 2/3	0	0.00
通算3年		21	1	2	2	25 1/3	5	1.78

Q&A

①ガッツ ②あべちゃん ③犬 ④ギター ⑥えくぼ ⑦赤 ⑧ボケ ⑨R-1 ⑩野球選手 ⑪3合飯 ⑫Starbuckscoffee(ベンティサイズ) ⑬ライオン ⑭玉ねぎ ⑮千鳥 ⑯Dolce&Gabbana ⑰自分の登場曲でHAND DRIPの『Our core』 ⑲仲良し ⑳楽しめ!! ㉑4連覇!

☞ いつもご声援ありがとうございます。
一緒に4連覇しましょう!

ABE Shota 投手

阿部 翔太

1992年11月3日(32歳)／178cm・80kg／B型／
右投左打／4年目／大阪府
酒田南高→成美大→日本生命→オリックス(ドラフト6巡目・21〜)

初 登 板	▶ 2021.4.30 (京セラドーム大阪) 対ソフトバンク7回戦 8回より救援(1/3回)
初 勝 利	▶ 2022.7.29 (ZOZOマリン) 対ロッテ16回戦 11回より救援(1回)
初セーブ	▶ 2022.9.2 (ZOZOマリン) 対ロッテ20回戦

チームトップの53試合に登板し、ホールド、セーブ、防御率はキャリアハイの数字をマーク。シーズン直前にはWBC日本代表メンバーに追加召集され、調整面での難しさがあったにもかかわらず、彼が示したパフォーマンスは素晴らしいのひと言。マウンド上でリーグ優勝の瞬間を迎え、思い切りグラブを投げ放った姿はあまりにも印象深い。それでも「最後の最後でケガをしてしまった……」と、今季はフルシーズンでの活躍を誓う。新たな背番号もしっかりフィット。"オリのプリンス"の魅力は高まるばかりだ。

● 公式戦個人年度別成績

年度	所属球団	試合	勝利	敗戦	セーブ	投球回数	自責点	防御率
2021	オリックス	9	2	2	0	39	16	3.69
2022	オリックス	15	0	2	1	36	12	3.00
2023	オリックス	53	1	1	9	52	12	2.08
通算3年		77	3	5	10	127	40	2.83

■ 二軍公式戦個人年度別成績

年度	所属球団	試合	勝利	敗戦	セーブ	投球回数	自責点	防御率
2017	オリックス	6	2	1	0	23 1/3	12	4.63
2018	オリックス	20	5	7	0	100 1/3	52	4.66
2019	オリックス	6	2	2	0	35 2/3	15	3.79
2020	オリックス	2	1	0	0	3	0	0.00
2021	オリックス	13	1	5	0	59 1/3	22	3.34
2022	オリックス	8	0	0	0	17 2/3	3	1.53
2023	オリックス	1	0	0	0	4	0	0.00
通算7年		56	11	15	0	240 1/3	104	3.89

Q&A
❶スマイル❷Sochan❸どっちも❹ギター❺マイペースなところ❻長身❼オレンジ❽両方❾コーヒー微糖❿野球選手⓫チームメイトとプールに入ったこと⓬タクシーめっちゃ使う⓭ウマ⓮ニンジン⓯コナー・マクレガー⓰Maison Margielaコーヒー ブレイク⓱『太陽に笑え』Anly⓲鷹村守（はじめの一歩）⓳ユニフォームがかっこいい⓴夢は大きく志は高く㉑健康第一

◀ いつも応援ありがとうございます

YAMAZAKI Soichiro　　投 手

山﨑 颯一郎

1998年6月15日（26歳）／190cm・95kg／B型／
右投右打／8年目／石川県／
敦賀気比高→オリックス（ドラフト6巡目・17〜）

初 登 板	▶	2021.5.1	（京セラドーム大阪）対ソフトバンク8回戦　7回より救援（1回）
初 勝 利	▶	2021.9.29	（ZOZOマリン）対ロッテ21回戦　　先発（5回2/3）
初セーブ	▶	2022.9.20	（ZOZOマリン）対ロッテ23回戦

投手

MURANISHI Ryota

村西 良太

1997年6月6日(27歳)／174cm・76kg／O型／
右投左打／5年目／兵庫県／
津名高→近畿大→オリックス(ドラフト3巡目・20〜)

初登板 ▶ 2020.6.25 (ZOZOマリン)対ロッテ3回戦　先発(3回)

初勝利 ▶ 2021.6.3 (甲子園)対阪神3回戦　7回より救援(1/3回)

初セーブ ▶ 2021.5.18 (京セラドーム大阪)対ロッテ10回戦

● 公式戦個人年度別成績

年度	所属球団	試合	勝利	敗戦	セーブ	投球回数	自責点	防御率
2020	オリックス	4	0	1	0	8	8	9.00
2021	オリックス	18	1	0	1	12	5	3.75
2022	オリックス	22	1	1	0	24 1/3	12	4.44
2023	オリックス	7	0	1	0	11 2/3	8	6.17
通算4年		51	2	3	1	56	33	5.30

● 二軍公式戦個人年度別成績

年度	所属球団	試合	勝利	敗戦	セーブ	投球回数	自責点	防御率
2020	オリックス	8	2	1	0	22 1/3	9	3.63
2021	オリックス	16	1	0	0	16	0	0.00
2022	オリックス	27	1	4	0	24 1/3	13	4.81
2023	オリックス	22	6	5	0	99	19	1.73
通算4年		73	10	10	0	161 2/3	41	2.28

Q&A

❶笑顔❷ムラニ❸猫❹ギター❺親指がよく曲がる❻水色❼ボケ❾飲み物❿野球選手⓫サヨナラ勝ちしたとき⓬ルアーを買いにいく⓭ネコ⓮玉ねぎ⓯リッキー⓰ラベンダー⓱『Keep Going』ELIONE⓲カービィ(星のカービィ)⓳みんな優しい⓴頑張ろう㉑ローテーションピッチャー

📢 いつも応援ありがとう。
これからもよろしくお願いします

アンダースローに磨きをかけて

"やるしかねぇ"

22

サイドからアンダーへ本格的なフォームの変更が奏を功し、ファームでは最優秀防御率のタイトルを獲得した。「球威や制球力はまだまだ」と本人は課題を挙げるが、一軍で活躍する土台はできた。プロでのキャリアも、はや5年目。新たなフォームに磨きをかけて、今季の主戦場は一軍のマウンドだ。

一軍初勝利

ネクストブレイクの最有力候補

SAITO Kyosuke　投手

齋藤 響介

2004年11月18日（20歳）／177cm・72kg／O型／
右投右打／2年目／岩手県／
盛岡中央高→オリックス（ドラフト3巡目・23～）

初登板 » 2023.9.26（京セラドーム大阪）対西武25回戦　先発(4回)

　高卒2年目の今季、プロ初勝利を目指すプロスペクト。優しい顔からは想像できないストレートを投げこむギャップが大きな魅力。ルーキーイヤーに一軍のマウンドを踏んだ経験は得難いもの。「ストレートの質を上げ、変化球のキレや制球力を高めたい」と、オフにはウエイトトレーニングにも力をいれた。次代のスターへ！

● 公式戦個人年度別成績

年度	所属球団	試合	勝利	敗戦	セーブ	投球回数	自責点	防御率
2023	オリックス	1	0	0	0	4	0	0.00
通算1年		1	0	0	0	4	0	0.00

● 二軍公式戦個人年度別成績

年度	所属球団	試合	勝利	敗戦	セーブ	投球回数	自責点	防御率
2023	オリックス	11	1	2	0	36	9	2.25
通算1年		11	1	2	0	36	9	2.25

Q&A

❶ストレートの強さ❷きょーちゃん❸犬❹ギター❼青❽ツッコミ❾アイス❿野球選手⓫最後の大会⓬スイーツを食べる⓭サル⓮ジャガイモ⓯大谷翔平選手⓰線香⓱Saucy Dog⓲キルア＝ゾルディック（HUNTER×HUNTER）⓳明るい⓴一緒に頑張りましょう㉑一軍で初勝利

◀ **応援ありがとうございます**

上質なホテル
Kumamoto Terrsa

熊本で一番の上質なホテルを目指します
ホテル熊本テルサ
862-0956 熊本市中央区水前寺公園 28-51

脱・全力で目指すは2桁勝利

昨季は夏前に前腕の張りを感じ、約2カ月間、戦列を離れた。彼の有するポテンシャルの高さは誰もが認めるところで、昨秋の日本シリーズ第5戦では、敵地・甲子園で阪神打線を7回まで封じる快投を演じてみせた。プロ7年目となる今季はこれまでとは違った思考で臨む。「これまで全力で野球に取り組み続けてきたが、今季は8割くらいで」と、脱・全力を強調。自己研鑽のために続けてきた読書さえも「一度、真っ白にしようと思って」控えるという。従来のスタイルをオールクリアにして、自身初の2桁勝利を目指す。

TAJIMA Daiki　投手

田嶋 大樹

1996年8月3日(28歳)／182cm・82kg／A型／
左投左打／7年目／栃木県／
佐野日大高→JR東日本→オリックス(ドラフト1巡目・18〜)

初 登 板	▶ 2018.3.31 (ヤフオクドーム)対ソフトバンク2回戦　先発(5回)
初 勝 利	▶ 2018.3.31 (ヤフオクドーム)対ソフトバンク2回戦　先発(5回)
初 完 封	▶ 2020.9.16 (ほっと神戸)対楽天14回戦

● 公式戦個人年度別成績

年度	所属球団	試合	勝利	敗戦	セーブ	投球回数	自責点	防御率
2018	オリックス	12	6	3	0	68 2/3	31	4.06
2019	オリックス	10	3	4	0	49 2/3	19	3.44
2020	オリックス	20	4	6	0	122 1/3	55	4.05
2021	オリックス	24	8	8	0	143 1/3	57	3.58
2022	オリックス	20	9	3	0	125	37	2.66
2023	オリックス	13	6	4	0	81 2/3	28	3.09
	通算6年	99	36	28	0	590 2/3	227	3.46

● 二軍公式戦個人年度別成績

年度	所属球団	試合	勝利	敗戦	セーブ	投球回数	自責点	防御率
2018	オリックス	1	0	0	0	3	0	0.00
2019	オリックス	7	1	3	0	25	9	3.24
2022	オリックス	1	0	0	0	2	0	0.00
2023	オリックス	6	1	2	0	22	4	1.64
	通算4年	15	2	5	0	52	13	2.25

Q&A

❷タジ❸犬派❹ピアノ❼オレンジ❽どちらでもない❾デザート⓫めっちゃ走らされた⓬ハーゲンダッツ⓭ネコ⓮玉ねぎ⓰冬の香り⓱フリーレン(葬送のフリーレン)⓲距離感⓴楽しんで㉑目の前のことをコツコツと

◀ 今年も温かく見守ってください

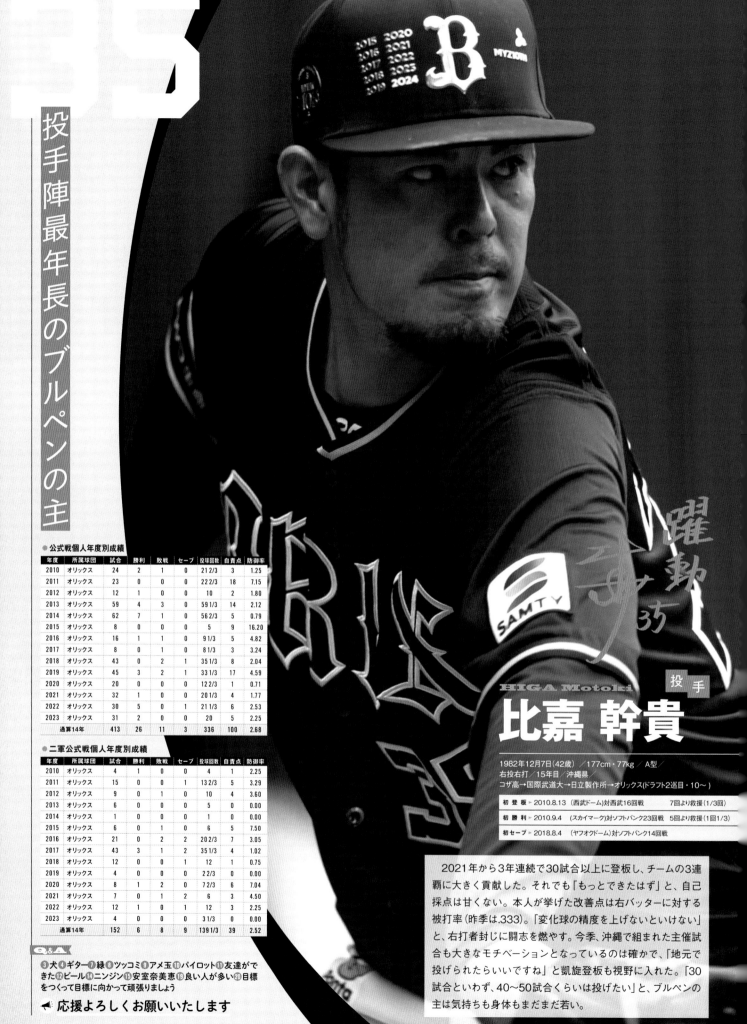

投手陣最年長のブルペンの主

HIGA Motoki 投手

比嘉 幹貴

1982年12月7日（42歳）／177cm・77kg／A型／
右投右打／15年目／沖縄県／
コザ高→国際武道大→日立製作所→オリックス（ドラフト2巡目・10〜）

初 登 板 ▶ 2010.8.13（西武ドーム）対西武16回戦　7回より救援（1/3回）

初 勝 利 ▶ 2010.9.4（スカイマーク）対ソフトバンク23回戦　5回より救援（1回1/3）

初セーブ ▶ 2018.8.4（ヤフオクドーム）対ソフトバンク14回戦

● 公式戦個人年度別成績

年度	所属球団	試合	勝利	敗戦	セーブ	投球回数	自責点	防御率
2010	オリックス	24	2	1	0	21 2/3	3	1.25
2011	オリックス	23	0	0	0	22 2/3	18	7.15
2012	オリックス	12	1	0	0	10	2	1.80
2013	オリックス	59	4	3	0	59 1/3	14	2.12
2014	オリックス	62	7	1	0	56 2/3	5	0.79
2015	オリックス	8	0	0	0	5	9	16.20
2016	オリックス	16	1	1	0	9 1/3	5	4.82
2017	オリックス	8	0	1	0	8 1/3	3	3.24
2018	オリックス	43	0	2	1	35 1/3	8	2.04
2019	オリックス	45	3	2	1	33 1/3	17	4.59
2020	オリックス	20	0	0	0	12 2/3	1	0.71
2021	オリックス	32	1	0	0	20 1/3	4	1.77
2022	オリックス	30	5	0	1	21 1/3	6	2.53
2023	オリックス	31	2	0	0	20	5	2.25
	通算14年	413	26	11	3	336	100	2.68

● 二軍公式戦個人年度別成績

年度	所属球団	試合	勝利	敗戦	セーブ	投球回数	自責点	防御率
2010	オリックス	4	1	0	0	4	1	2.25
2011	オリックス	15	0	0	1	13 2/3	5	3.29
2012	オリックス	9	0	1	0	10	4	3.60
2013	オリックス	6	0	0	0	5	0	0.00
2014	オリックス	1	0	0	0	1	0	0.00
2015	オリックス	6	0	1	0	6	5	7.50
2016	オリックス	21	0	2	2	20 2/3	7	3.05
2017	オリックス	43	3	1	2	35 1/3	4	1.02
2018	オリックス	12	0	0	0	12	1	0.75
2019	オリックス	4	0	0	0	2 2/3	0	0.00
2020	オリックス	8	1	2	0	7 2/3	6	7.04
2021	オリックス	7	0	1	2	6	3	4.50
2022	オリックス	12	1	0	0	12	3	2.25
2023	オリックス	4	0	0	0	3 1/3	0	0.00
	通算14年	152	6	8	9	139 1/3	39	2.52

Q&A

❸犬❹ギター❼緑❽ツッコミ❾アメ玉❿パイロット⓫友達がで
きた⓬ビール⓮ニンジン⓯安室奈美恵⓳良い人が多い⓴目標
をつくって目標に向かって頑張りましょう

◀ 応援よろしくお願いいたします

2021年から3年連続で30試合以上に登板し、チームの3連覇に大きく貢献した。それでも「もっとできたはず」と、自己採点は甘くない。本人が挙げた改善点は右バッターに対する被打率（昨季は.333）。「変化球の精度を上げないといけない」と、右打者封じに闘志を燃やす。今季、沖縄で組まれた主催試合も大きなモチベーションとなっているのは確かで、「地元で投げられたらいいですね」と凱旋登板も視野に入れた。「30試合といわず、40〜50試合くらいは投げたい」と、ブルペンの主は気持ちも身体もまだまだ若い。

MAE Yuito 投手

前 佑囲斗

2001年8月13日(23歳)／182cm・90kg／A型／右投右打／5年目／三重県／津田学園高→オリックス(ドラフト4巡目・20〜)

初登板 2023.6.11 (京セラドーム大阪)対DeNA3回戦　8回より救援(1回)

一軍定着へ！新球フォークに手応え

昨季は目標だった一軍での登板(2試合)を果たし、一段上へとステップを刻んだ。オフにはオーストラリアでのウインターリーグで武者修行を積んできた。異国での実戦では習得中のフォークに確かな手応えも。「とにかく今季の目標は一軍定着。先発でも中継ぎでも。しっかり準備したい」と、5年目の勝負を見据える。

● 公式戦個人年度別成績

年度	所属球団	試合	勝利	敗戦	セーブ	投球回数	自責点	防御率
2023	オリックス	2	0	0	0	2	0	0.00
通算1年		2	0	0	0	2	0	0.00

● 二軍公式戦個人年度別成績

年度	所属球団	試合	勝利	敗戦	セーブ	投球回数	自責点	防御率
2020	オリックス	14	0	3	0	24	9	3.38
2021	オリックス	7	0	1	0	11	4	3.27
2022	オリックス	13	1	1	0	12 1/3	10	7.30
2023	オリックス	40	3	3	0	39	19	4.38
通算4年		74	4	8	0	86 1/3	42	4.38

Q&A

①真っすぐ②マエピー③犬派④ギター⑤バスケのボール回し⑥泳ぐのが速い⑦オレンジ⑧ツッコミ⑨炭酸水⑩野球選手⑪練習後のアイス⑫短距離移動のタクシー⑬ジャガイモ⑭大谷翔平さん⑮金木犀⑯元気100%⑰サイタマ(ワンパンマン)⑲全員優しい⑳夢を追いかけて、今を楽しもう！㉑一軍定着!!

🔊 いつもたくさんの声援ありがとうございます。これからもオリックス・バファローズの応援よろしくお願いします!

43

46

復活を期す快速リリーバー

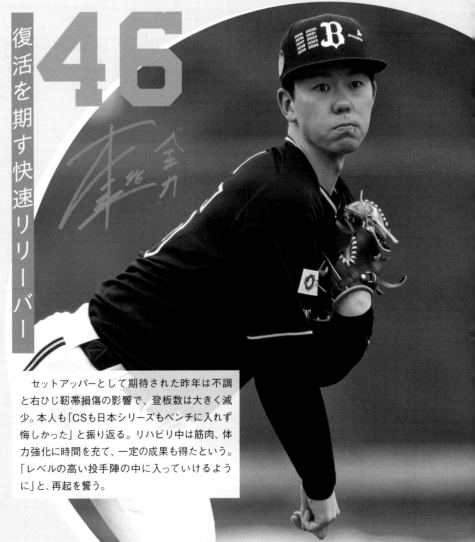

HONDA Hitomi 投手

本田 仁海

1999年7月27日(25歳)／181cm・74kg／A型／右投左打／7年目／神奈川県／星槎国際高湘南→オリックス(ドラフト4巡目・18〜)

初登板 2020.11.1 (札幌ドーム)対日本ハム23回戦　先発(4回)

初勝利 2022.5.17 (ほっと神戸)対日本ハム9回戦　7回より救援(1回)

初セーブ 2022.5.15 (京セラドーム大阪)対ロッテ9回戦

● 公式戦個人年度別成績

年度	所属球団	登板	勝利	敗北	セーブ	投球回	自責点	防御率
2020	オリックス	1	0	0	0	4	3	6.75
2021	オリックス	2	0	1	0	9 2/3	8	7.45
2022	オリックス	42	2	3	2	43 2/3	17	3.50
2023	オリックス	28	2	1	0	32 2/3	23	6.34
通算4年		73	4	6	2	90	51	5.10

● 二軍公式戦個人年度別成績

年度	所属球団	試合	勝利	敗戦	セーブ	投球回数	自責点	防御率
2018	オリックス	5	0	2	0	15 2/3	8	4.60
2019	オリックス	17	2	4	2	57	15	2.37
2020	オリックス	14	4	5	0	78 2/3	36	4.12
2021	オリックス	18	2	10	0	90 2/3	51	5.06
2022	オリックス	4	0	0	1	4	1	2.25
2023	オリックス	10	0	2	0	12 2/3	8	5.68
通算6年		68	8	23	3	258 2/3	119	4.14

Q&A

①ストレート②ひとみ③猫④タンバリン⑦白⑧ボケ⑨グミ⑩ウルトラマン⑪アイス⑫アイス2個⑬ウサギ⑭チキン⑮石油王⑯金木犀⑰良い曲⑱藤原拓海(頭文字D)⑲楽しい⑳頑張れ㉑日本一

🔊 ありがとう

セットアッパーとして期待された昨年は不調と右ひじ靭帯損傷の影響で、登板数は大きく減少。本人も「CSも日本シリーズもベンチに入れず悔しかった」と振り返る。リハビリ中は筋肉、体力強化に時間を充て、一定の成果も得たという。「レベルの高い投手陣の中に入っていけるように」と、再起を誓う。

横山 楓

一軍定着目指す勝負の3年目

1997年12月28日(27歳) ／ 181cm・91kg ／ O型／
右投両打／3年目／宮崎県／
宮崎学園高→國學院大→セガサミー→オリックス(ドラフト6巡目・22〜)

初登板 ▶ 2023.9.30 (京セラドーム大阪)対楽天24回戦　　7回より救援(1回)

オフのオーストラリアのウインターリーグで演じた無双状態の投球は大きな自身につながった。昨季は一軍のマウンドも経験、超ショートアーム投法で話題になるも、制球面など課題も明確に。「昨年の一軍はもらったチャンス。今年は自分でつかみにいく。そのために必要なものは決め球です」と、3年目のシーズンに勝負をかける。

● 公式戦個人年度別成績

年度	所属球団	登板	勝利	敗北	セーブ	投球回	自責点	防御率
2023	オリックス	4	0	1	0	32/3	3	7.36
通算1年		4	0	1	0	32/3	3	7.36

● 二軍公式戦個人年度別成績

年度	所属球団	試合	勝利	敗戦	セーブ	投球回数	自責点	防御率
2022	オリックス	25	0	2	6	262/3	7	2.36
2023	オリックス	32	4	2	2	29	15	4.66
通算2年		57	4	4	8	552/3	22	3.56

Q&A

❶変なフォーム❷よこでぃー❸猫❹ピアノ弾けます❼緑❽ボケ❾煮卵❿保育士⓫忘年会で女装させられた⓬ケーキ⓭ナマケモノ⓮玉ねぎ⓰BYREDOのブランシュ⓱ワムウ(ジョジョの奇妙な冒険)⓲いろいろ若い㉑ケガせずたくさん投げます!!

📣 今年も熱い応援よろしくお願いします

56

仕事キッチリのリリーバー

昨季は貴重なリリーバーとして、さまざまなシーンでマウンドを託され、登板数は38試合を数えた。「調子の波が大きかった」と本人は振り返るが、150km/hを超えるストレートを軸に、幾度となく難しい局面を乗り越えてきた。流れを変える投球でチームに勝利を呼び込んだ功績は小さくない。オフは身体のケアと体力強化に時間を割いた。「今季はフルシーズン一軍で過ごすこと。あとは任された場面でしっかり抑えたい。中継ぎなら50試合登板を目指します」と、抱負を語る。チーム内では（小木田）世代の代表としての役割もキッチリこなす。

KOGITA Atsuya　投手

小木田 敦也

1998年10月10日（26歳）／173cm・83kg／AB型／
右投右打／3年目／秋田県／
角館高→TDK→オリックス（ドラフト7巡目・22〜）

[初登板] ▶ 2022.3.26（ベルーナドーム）対西武2回戦　6回より救援（1回）

[初勝利] ▶ 2023.4.30（京セラドーム大阪）対ロッテ5回戦　11回より救援（1回）

●公式戦個人年度別成績

年度	所属球団	試合	勝利	敗戦	セーブ	投球回数	自責点	防御率
2022	オリックス	16	0	0	0	14 1/3	5	3.14
2023	オリックス	38	4	0	0	49 1/3	12	2.19
通算2年		54	4	0	0	63 2/3	17	2.40

■二軍公式戦個人年度別成績

年度	所属球団	試合	勝利	敗戦	セーブ	投球回数	自責点	防御率
2022	オリックス	37	0	3	6	39 2/3	14	3.18
2023	オリックス	12	0	0	1	11	3	2.45
通算2年		49	0	3	7	50 2/3	17	3.02

Q&A

①コントロール②コギ③犬④ギター⑤宇宙人（安達さん）との交信⑦赤⑧ポケ⑨おにぎり⑩野球選手⑫寿司、焼肉を食べること⑬サル⑭ひき肉⑮CHEHON⑯バニラ系の甘い香り⑰CHEHONの歌⑱フランキー（ONE PIECE）⑲仲良し⑳頑張るべ！㉑一軍完走・日本一

◀ 熱い熱い声援よろしくお願いします

57

貴重な左腕もベテランの域に！

山田 修義

1991年9月19日(33歳)／185cm・95kg／B型／
左投左打／15年目／福井県／
敦賀気比高→オリックス(ドラフト3巡目・10〜)

| 初 登 板 ▶ 2010.9.5 | (スカイマーク)対ソフトバンク24回戦 | 先発(3回) |
| 初 勝 利 ▶ 2016.7.27 | (ほっと神戸)対ロッテ15回戦 | 先発(6回1/3) |

●公式戦個人年度別成績

年度	所属球団	試合	勝利	敗戦	セーブ	投球回数	自責点	防御率
2010	オリックス	1	0	0	0	3	1	3.00
2012	オリックス	6	0	2	0	17 1/3	11	5.71
2013	オリックス	1	0	0	0	1 1/3	3	20.25
2015	オリックス	7	0	1	0	16 1/3	10	5.51
2016	オリックス	12	2	7	0	58 1/3	32	4.94
2017	オリックス	4	0	3	0	12 1/3	12	8.76
2018	オリックス	30	1	2	0	21 1/3	9	3.80
2019	オリックス	40	0	0	0	43	17	3.56
2020	オリックス	48	4	5	0	39 1/3	17	3.89
2021	オリックス	43	1	0	0	43 2/3	11	2.27
2022	オリックス	12	1	0	0	10 1/3	5	4.35
2023	オリックス	32	0	0	0	31 1/3	4	1.15
通算12年		236	9	20	0	297 2/3	132	3.99

●二軍公式戦個人年度別成績

年度	所属球団	試合	勝利	敗戦	セーブ	投球回数	自責点	防御率
2010	オリックス	13	3	3	0	54	20	3.33
2011	オリックス	13	0	3	0	40	23	5.18
2012	オリックス	21	5	7	0	96 1/3	26	2.43
2013	オリックス	16	5	4	0	63 2/3	18	2.54
2015	オリックス	15	5	1	0	55 1/3	27	4.39
2016	オリックス	3	1	1	0	9 2/3	11	10.24
2017	オリックス	19	4	8	0	94 2/3	28	2.66
2018	オリックス	16	4	3	0	37 2/3	14	3.35
2019	オリックス	19	0	0	0	14 1/3	1	0.63
2020	オリックス	1	1	0	0	1	0	0.00
2021	オリックス	5	0	0	0	4 1/3	3	6.23
2022	オリックス	39	1	2	0	32	7	1.97
2023	オリックス	13	0	0	0	11 1/3	4	3.18
通算13年		193	29	33	0	514 1/3	182	3.18

Q&A

❶強気のピッチング❷ノブ❸犬❹ピアノ❼白、黒、黄❽ボケ❾プロテイン❿プロ野球選手⓫完全試合(3回コールド)⓬新大阪駅までタクシー移動⓭犬⓮ニンジン⓯LOUIS VUITTON⓰モンキー・D・ルフィ(ONE PIECE)⓳ファンが優しい⓴一番になることを目指して頑張れ！㉑50試合以上登板！4連覇！

📣 一軍でフル回転で頑張ります

昨季序盤は故障もあって出遅れたものの、交流戦前に一軍復帰を果たし、貴重な中継ぎ左腕としてその存在感を示してみせた。「一軍では徐々に球速も上がっていったし、昨季は1試合1試合、集中して投げられた」と、振り返るが、現状に満足することを受け入れるはずもない。「もっと球の速さは追い求めたいし、何よりも周りの投手に負けるわけにはいかない」とキッパリ。プロ15年目、若い投手陣の中ではもはや古株。「シーズン通して、しっかり投げ切りたい」ベテラン左腕はまだまだ若い！

投手

SATOH Kazuma

佐藤 一磨

支配下が視野に入った長身左腕

2001年4月16日（23歳）／190cm・97kg／AB型／
左投左打／5年目／神奈川県／
横浜隼人高→オリックス（ドラフト育成1巡目・20〜）

　育成4年目は、ウエスタンで8勝をマークし最多勝のタイトルを手にした。「メンタル、技術の両面でレベルアップできた」と、本人も確かな手応えを感じた。目指すは支配下。同世代の選手の活躍も大きな刺激。長身から投げ下ろす角度豊かなボールで大いにアピールしたい。支配下へ視界は良好だ。

■二軍公式戦個人年度別成績

年度	所属球団	試合	勝利	敗戦	セーブ	投球回数	自責点	防御率
2020	オリックス	4	0	2	0	6 2/3	13	17.55
2021	オリックス	4	0	3	0	13 2/3	5	3.29
2022	オリックス	19	2	5	0	51 1/3	34	5.96
2023	オリックス	19	8	3	0	96	42	3.94
通算4年		46	10	13	0	167 2/3	94	5.05

Q&A

①ストレート②一磨③犬派④ギター⑤まつ毛が長い⑥青⑦ツッコミ⑧ジャスミン茶⑩野球選手⑪鼻血を出してティッシュを詰めながら投げた⑫時々甘いものを食べる⑬ゴリラかサル⑭福神漬け⑮高橋優さん⑯柑橘系⑰『HIGH FIVE』高橋優⑱トムとジェリー、スヌーピー⑲先輩みんな優しい⑳たくさん練習！㉑一軍で活躍！

◀ これからも応援よろしくお願いします

ケガの不安も一掃、一段上へ！

NAKATA Yuito 投手
中田 惟斗

2001年9月13日（23歳）／182cm・92kg／A型／
右投右打／5年目／和歌山県／
大阪桐蔭高→オリックス（ドラフト育成3巡目・20〜）

　育成選手として過去4年間、ファームでプロとしての経験を積んできた。昨季は故障からの手術で出遅れたものの、順調に回復。今でケガの不安もなくなった。球威、コントロールに磨きをかけて、目前に立ちはだかる支配下の壁を乗り越えたい。5年目の今季は一段上のステージを目指す。

● 二軍公式戦個人年度別成績

年度	所属球団	試合	勝利	敗戦	セーブ	投球回数	自責点	防御率
2020	オリックス	21	1	2	3	22	10	4.09
2021	オリックス	10	0	0	3	7 2/3	9	10.57
2022	オリックス	24	0	1	0	26	14	4.85
2023	オリックス	19	0	0	0	19 2/3	8	3.66
	通算4年	74	1	3	6	75 1/3	41	4.90

Q&A
❶気迫あふれるピッチング❷ゆいと❸犬❹ギター❺卓球❻今になって泳げるようになった❼赤❽両方❾水、からあげクン❿野球選手⓫合宿⓬お酒⓭ゴリラ⓮隠し味のりんご⓯小栗旬⓰CHANEL⓱『SOLO』JENNIE⓲ロロノア・ゾロ（ONE PIECE）⓳明るいところ⓴何事もやりきる㉑支配下

◀ これからもお願いします

KAWASE Kento 投手
川瀬 堅斗

ブレイクの予感高まる有望株

2002年6月18日（22歳）／183cm・88kg／A型／
右投右打／4年目／大分県／
大分商高→オリックス（ドラフト育成1巡目・21〜）

　入団から2シーズンは故障に苦しんだ右腕も、昨季はウエスタンで16試合に登板するなど、シーズンを完走。台湾のウインターリーグでも好投を続け、ポテンシャルの高さを示して見せた。オフはウエイトトレーニングにも精を出し、球速アップを目指してきた。ファームで結果を出せば、次なるステップが見えてくる。

● 二軍公式戦個人年度別成績

年度	所属球団	試合	勝利	敗戦	セーブ	投球回数	自責点	防御率
2021	オリックス	2	0	0	0	3	3	6.75
2022	オリックス	4	1	3	0	13 2/3	6	3.95
2023	オリックス	16	1	4	0	57 1/3	23	3.61
	通算3年	22	2	7	0	75	32	3.84

Q&A
❶笑顔❷けんとくん❸犬派❹ピアノ❺テンションが高すぎるところ❻目がきれい❼ゴールド❽ツッコミ❾アイス❿プロ野球選手⓫全国大会出場⓬週1の外食⓭犬⓮牛すじ⓯千鳥⓰Maison Margielaの香水⓱『全力少年』スキマスイッチ⓲クレヨンしんちゃん⓳みんな優しい⓴明日やろうはバカやろう㉑支配下登録

◀ いつも声援、差し入れなどありがとうございます。期待に応えられるよう頑張ります

次期クローザーを狙うパワー系

才木 海翔
SAIKI Kaito 投手

支配下 031

2000年6月10日(24歳)／181cm・85kg／A型／
右投右打／2年目／大阪府
北海道栄高→大阪経済大→オリックス(育成ドラフト2巡目・23〜)

　プロ1年目は春季キャンプのスタートから故障で出遅れ、悔しい思いを。彼が輝きを放ったのは、台湾でのウインターリーグ。10試合15イニングの投球で防御率はなんと0.00。さらにセーブ王（5セーブ）の勲章も。155km/hを超える真っすぐに宇田川優希直伝のフォークが冴えわたった。支配下へチャレンジだ。

● 二軍公式戦個人年度別成績

年度	所属球団	試合	勝利	敗戦	セーブ	投球回数	自責点	防御率
2023	オリックス	10	0	0	0	10 1/3	8	6.97
通算1年		10	0	0	0	10 1/3	8	6.97

Q&A

❶耳の形❷かいと❸犬も猫も好き❹ピアノ❺鼻がいい❻どこでも寝られる❼黒❽ツッコミ❾梅のお菓子❿消防士⓫活躍したらヘルメットに星のシールをもらえる⓬柴犬⓭ルー⓮谷マリア⓯カモミール⓰ラテン系⓱佐野万次郎（東京リベンジャーズ）⓲大阪の球団⓳勉強もしよう！⓴支配下になる

📣 毎日感謝!

シーズンフル稼働で支配下へ

自分次第

IRIYAMA Kaito 投手

入山 海斗

2000年5月26日（24歳）／177cm・78kg／A型／
右投右打／2年目／大阪府／
日高高中津分校→東北福祉大→オリックス（育成ドラフト3巡目・23〜）

　シーズン序盤はファームのクローザーを任されるなど、育成1年目としては上々のスタートだった。課題はシーズンを乗り切るスタミナ。本人も「良い時もあったが、後半に失速してしまった」と、振り返る。オフは長いシーズンに耐えうる体力作りに重きを置いた。プロの水にも慣れた今季、目指すは支配下だ。

■二軍公式戦個人年度別成績

年度	所属球団	試合	勝利	敗戦	セーブ	投球回数	自責点	防御率
2023	オリックス	44	5	3	13	42	11	2.36
	通算1年	44	5	3	13	42	11	2.36

Q&A
❶ストレート❷いーりー❸犬❹ピアノ❼青、緑❾するめ❿野球選手⓭ミーアキャット⓮大谷翔平選手⓰ファーファ⓲良い人が多い㉑試合で勝てる投手

📣 応援ありがとうございます

MUKUNOKI Ren 投手

椋木 蓮

2000年1月22日（24歳）／179cm・86kg／O型／
右投右打／3年目／山口県／
高川学園高→東北福祉大→オリックス（ドラフト1巡目・22〜）

初 登 板	2022.7.7　（京セラドーム大阪）対西武15回戦	先発（6回）
初 勝 利	2022.7.7　（京セラドーム大阪）対西武15回戦	先発（6回）

　トミー・ジョン手術から復活を目指すドラ1右腕。術後は自身を追い込むウエイトトレーニングで体つきはたくましさを増した。昨秋のフェニックスリーグで実戦復帰、順調な回復ぶりを示せたのは好材料。「キャンプ、オープン戦でアピールしたい」と、早期での支配下を視野に入れる。一軍の戦力に! 周囲の期待は大きい。

● 公式戦個人年度別成績

年度	所属球団	試合	勝利	敗戦	セーブ	投球回数	自責点	防御率
2022	オリックス	4	2	1	0	17 2/3	2	1.02
	通算1年	4	2	1	0	17 2/3	2	1.02

● 二軍公式戦個人年度別成績

年度	所属球団	試合	勝利	敗戦	セーブ	投球回数	自責点	防御率
2022	オリックス	9	4	3	0	46 2/3	17	3.28
	通算1年	9	4	3	0	46 2/3	17	3.28

Q&A
❶復帰した姿❷むっくん❸犬❹ドラム❺洗濯物をたたむこと❻きれい好き❼オレンジ❽ツッコミ❾りんごジュース❿ドルフィントレーナー⓫兄との兄弟バッテリー⓬休みに焼肉ランチ⓭アラスカン・マラミュート⓮チキン⓯かまいたち⓰黒のダウニー⓱TATTOO⓲ボッジ（王様ランキング）⓳先輩が優しい⓴楽しんで頑張れ㉑支配下復帰、一軍定着

📣 応援よろしくお願いします

復活待たれるドラ1右腕

復活!

富山 凌雅

TOMIYAMA Ryoga　投手

1997年5月3日（27歳）／178cm・84kg／AB型／
左投左打／6年目／和歌山県／
九州国際大付高→トヨタ自動車→オリックス（ドラフト4巡目・19〜）

待たれるパワー系左腕の復活

| 初登板 ▶ 2019.9.26（札幌ドーム）対日本ハム24回戦 | 7回より救援（2回） |

| 初勝利 ▶ 2021.5.30（京セラドーム大阪）対ヤクルト3回戦 | 8回より救援（1回） |

● 公式戦個人年度別成績

年度	所属球団	試合	勝利	敗戦	セーブ	投球回数	自責点	防御率
2019	オリックス	1	0	0	0	2	0	0.00
2020	オリックス	18	0	2	0	18 1/3	9	4.42
2021	オリックス	51	2	1	0	46 1/3	14	2.72
2022	オリックス	8	0	0	0	7 1/3	9	11.05
通算4年		78	2	3	0	74	32	3.89

■ 二軍公式戦個人年度別成績

年度	所属球団	試合	勝利	敗戦	セーブ	投球回数	自責点	防御率
2019	オリックス	14	4	2	0	24	8	3.00
2020	オリックス	9	3	1	1	40	11	2.48
2021	オリックス	5	0	2	0	4 2/3	2	3.86
2022	オリックス	24	1	1	0	40 1/3	12	2.68
2023	オリックス	1	0	0	0	1	0	0.00
通算5年		53	8	6	1	110	33	2.70

128

トミー・ジョン手術明けの実戦復帰はウエスタン・リーグのシーズン最終盤だった。秋のフェニックスリーグでも登板し「ひじは大丈夫」と表情は明るい。リハビリ中は野球ができない苦しさに耐えてきた。そんな時期を支えたのは「もう一度一軍で投げる」という強い気持ち。回またぎも辞さないパワー系レフティの復活を早く見たい。

Q&A
①強気のピッチング②トミー③犬派④ギター⑤腕相撲に自信がある⑥首の骨をならす⑦黄色、緑色⑧ボケ⑨コンビニにあるスタバのコーヒー⑩プロ野球選手⑪誕生日はなぜかボコボコに打たれる⑫スニーカーを買う⑬ゴリラ⑭ごはん⑮ダレノガレ明美⑯甘い香り⑰『Flying B』AK-69⑱エドワード・ニューゲート（白ひげ）（ONE PIECE）⑲みんな仲良し⑳今日やれることをやれ㉑日本一を取り戻す

📣 **いつも応援ありがとうございます**

ONO Taiki　投手

小野 泰己

130

新フォームで再起を期す！

1994年5月30日（30歳）／184cm・83kg／A型／
右投右打／8年目／福岡県／
折尾愛真高→富士大→阪神（ドラフト2巡目・17〜22）→オリックス（23〜）

| 初登板 ▶ 2017.5.21（神宮）対ヤクルト9回戦 | 先発（4回1/3） |

| 初勝利 ▶ 2017.8.29（甲子園）対ヤクルト22回戦 | 先発（6回） |

● 公式戦個人年度別成績

年度	所属球団	試合	勝利	敗戦	セーブ	投球回数	自責点	防御率
2017	阪神	15	2	7	0	78 2/3	38	4.35
2018	阪神	23	7	7	0	126 1/3	67	4.77
2019	阪神	14	0	1	0	11 2/3	3	2.31
2021	阪神	12	0	0	0	14 2/3	13	7.98
2022	阪神	5	0	0	0	5	1	1.80
2023	オリックス	5	0	0	0	6	4	6.00
通算6年		74	9	15	0	242 1/3	126	4.68

■ 二軍公式戦個人年度別成績

年度	所属球団	試合	勝利	敗戦	セーブ	投球回数	自責点	防御率
2017	阪神	5	1	2	0	23 2/3	11	4.18
2018	阪神	3	2	0	1	12	2	1.50
2019	阪神	5	1	1	0	16	8	4.50
2020	阪神	15	0	4	0	22 2/3	29	11.51
2021	阪神	25	3	1	2	26	4	1.38
2022	阪神	28	1	1	2	28 2/3	22	6.91
2023	オリックス	19	2	5	1	50 1/3	20	3.58
通算7年		100	10	14	6	179 1/3	96	4.82

移籍1年目は育成から支配下に昇格し、先発、中継ぎを経験。さらに、制球力向上のために、腕の位置を下げるフォーム改造に取り組むなど激動のシーズンだった。育成での再出発となるが「もう一度もらったチャンスを生かしたい」と前を向く。新たなフォームをしっかり固めて、再び支配下を狙う。

Q&A
①サイドからの速球②小野ちゃん③犬④三線⑦黄色⑧ツッコミ⑨甘いもの⑩野球選手⑬犬⑭玉ねぎ⑮那須川天心選手⑰BTSのは曲なんでも！⑱モンキー・D・ルフィ（ONE PIECE）⑲優しい人が多い⑳自分を信じよう㉑一軍定着

📣 **今年も応援よろしくお願いします**

"いま"を超えていく
志とともに

POWER to the **BASEBALL** Slugger KUBOTA SLUGGER BASEBALL

2

若月 健矢

扇の要はゴールデングラバー

1995年10月4日(29歳)／180cm・88kg／O型／
右投右打／11年目／埼玉県／
花咲徳栄高→オリックス(ドラフト3巡目・14〜)

初 出 場 ▶	2015.5.1	(京セラドーム大阪)対ソフトバンク7回戦　10回代走
初 安 打 ▶	2015.9.28	(京セラドーム大阪)対楽天25回戦　3回左安打(戸村)
初本塁打 ▶	2017.10.6	(ヤフオクドーム)対ソフトバンク25回戦　5回(千賀)
初 打 点 ▶	2016.6.29	(那覇)対楽天11回戦　4回(釜田)
表彰	★ゴールデン・グラブ賞＜捕＞(23)	

一心不乱

● 公式戦個人年度別成績

年度	所属球団	試合	打数	安打	本塁打	打点	盗塁	打率
2015	オリックス	5	11	1	0	0	0	.091
2016	オリックス	85	229	52	0	20	0	.227
2017	オリックス	100	218	44	1	18	0	.202
2018	オリックス	114	269	66	1	27	1	.245
2019	オリックス	138	298	53	1	21	2	.178
2020	オリックス	75	192	46	3	19	2	.240
2021	オリックス	68	117	25	5	16	1	.214
2022	オリックス	68	171	48	4	14	3	.281
2023	オリックス	96	286	73	6	17	2	.255
通算9年		749	1791	408	21	152	11	.228

■ 二軍公式戦個人年度別成績

年度	所属球団	試合	打数	安打	本塁打	打点	盗塁	打率
2014	オリックス	57	157	36	4	26	1	.229
2015	オリックス	90	242	56	4	22	0	.231
2016	オリックス	30	85	19	0	6	0	.224
2017	オリックス	1	3	0	0	0	0	.000
2018	オリックス	4	12	2	1	2	0	.167
2019	オリックス	2	8	4	0	1	0	.500
2021	オリックス	3	9	4	1	1	0	.444
2022	オリックス	11	27	6	0	1	0	.222
2023	オリックス	1	3	0	0	0	0	.000
通算9年		199	546	127	10	59	1	.233

Q&A

❶おしり❷ドルフィン形車❸猫❹ピアノ❺アラームなしでだいたい起きられる❻アゴの骨で曲全般いける❼青?❽ボケ❾ジャンプ❿大工さん⓫真夏のおにぎり、吐きそうになった⓬ラーメン屋でトッピング⓭タヌキ⓮りんご⓯R-藤本⓰レノア⓱ZARD⓲ベジータ(ドラゴンボール)⓳自由⓴頑張れ！楽しく!!㉑日本一

📣 いつもありがとう!!

オフに受けた右足手術(軟部腫瘍摘出)は周囲を心配させたが、「右足にかかっていたストレスがなくなった感じがする」と、術後の経過は良好と本人は強調。FA権を取得した昨夏は早々に残留を表明し、チーム愛を示した。12球団トップクラスの捕手陣を擁するチームで、昨季は83試合でスタメンマスクを任された。持ち前の強肩に加え、卓越したブロッキング技術で、初のゴールデン・グラブ賞を獲得。今季は「広角に打てるように。打率にもこだわりたい」と、打撃面でもレベルアップを目指す。"トモヤ"との正捕手争いが今年も熱い！

捕手にこだわるクラッチヒッター

4

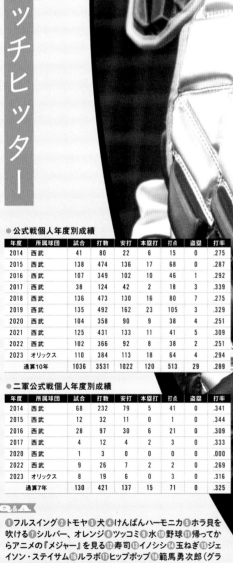

公式戦個人年度別成績

年度	所属球団	試合	打数	安打	本塁打	打点	盗塁	打率
2014	西武	41	80	22	6	15	0	.275
2015	西武	138	474	136	17	68	0	.287
2016	西武	107	349	102	10	46	1	.292
2017	西武	38	124	42	2	18	3	.339
2018	西武	136	473	130	16	80	7	.275
2019	西武	135	492	162	23	105	3	.329
2020	西武	104	358	90	9	38	4	.251
2021	西武	125	431	133	11	41	5	.309
2022	西武	102	366	92	8	38	2	.251
2023	オリックス	110	384	113	18	64	4	.294
通算10年		1036	3531	1022	120	513	29	.289

二軍公式戦個人年度別成績

年度	所属球団	試合	打数	安打	本塁打	打点	盗塁	打率
2014	西武	68	232	79	5	41	0	.341
2015	西武	12	32	11	0	1	0	.344
2016	西武	28	97	30	6	21	0	.309
2017	西武	4	12	4	2	3	0	.333
2020	西武	1	3	0	0	0	0	.000
2022	西武	9	26	7	2	2	0	.269
2023	オリックス	8	19	6	0	3	0	.316
通算7年		130	421	137	15	71	0	.325

Q&A

①フルスイング②トモヤ③犬④けんばんハーモニカ⑤ホラ貝を吹ける⑦シルバー、オレンジ⑨ツッコミ⑩水⑪野球⑪帰ってからアニメの『メジャー』を見る⑫寿司⑬イノシシ⑭玉ねぎ⑮ジェイソン・ステイサム⑯ルラボ⑰ヒップポップ⑱範馬勇次郎（グラップラー刃牙）⑲仲良し⑳頑張って㉑キャリアハイ

📣 これからもよろしくお願いします

移籍1年目を振り返り、「最低限の活躍はできましたが、まだまだ実力不足」と自己採点は辛い。それでも捕手部門のベストナインの勲章はダテじゃない。勝負所で見せる打撃はさすがのひと言。無類の勝負強さで幾度となくチームの窮地を救ってきた。足のケガもあってスタメンマスクの回数は56試合。捕手というポジションに強くこだわる彼がこの数字に満足するはずはない。移籍2年目、新たな環境にも慣れ、投手の特徴をしっかり把握した今季は捕手としての彼のカラーがより鮮明になるのは間違いない。攻守の要として、キャリアハイを目指す。

MORI Tomoya　捕手

森 友哉

1995年8月8日(29歳)／170cm・85kg／A型／右投左打　11年目　大阪府
大阪桐蔭高→西武（ドラフト1巡目・14〜22）→オリックス（23〜）

初出場	2014.7.30（ほっと神戸）対オリックス13回戦　8回捕手
初安打	2014.7.30（ほっと神戸）対オリックス13回戦　9回右越安（榊原）
初本塁打	2014.8.14（西武ドーム）対オリックス17回戦　8回（榊原）
初打点	2014.8.14（西武ドーム）対オリックス17回戦　8回（榊原）
タイトル	★首位打者（19）
表彰	★最優秀選手賞（19）、ベストナイン＜捕＞（18、19、21、23）

プロ3年目、勝てる捕手に！

FUKUNAGA Sho　捕手

福永 奨

1999年7月28日（25歳）／175cm・87kg／B型／右投右打／3年目／神奈川県／横浜高→國學院大→オリックス（ドラフト3巡目・22〜）

| 初出場 | 2022.4.10（ZOZOマリン）対ロッテ3回戦 | 先発捕手 |
| 初安打 | 2022.6.12（京セラドーム大阪）対阪神3回戦 | 3回投安打（ガンケル） |

　2年目の昨季はファームでチームトップの104試合に出場、オフにはオーストラリアのウインターリーグに参加し、多くの実戦を通してプロとしての経験を積んだ。「自身の数字よりもチームを勝たせる捕手に」とは高校、大学で主将を務めた彼らしい言葉。プロ3年目、捕手としての強みをアピールして、一軍定着だ。

● 公式戦個人年度別成績

年度	所属球団	試合	打数	安打	本塁打	打点	盗塁	打率
2022	オリックス	5	8	1	0	0	0	.125
2023	オリックス	3	2	0	0	0	0	.000
通算2年		8	10	1	0	0	0	.100

● 二軍公式戦個人年度別成績

年度	所属球団	試合	打数	安打	本塁打	打点	盗塁	打率
2022	オリックス	85	199	41	1	16	0	.206
2023	オリックス	104	260	50	3	26	0	.192
通算2年		189	459	91	4	42	0	.198

Q&A
❶えくぼ❷フク❸犬派❹ドラム❺弓道❻晴男❼青、緑❽ツッコミ❾グミ❿野球選手⓫お寿司を食べる⓭トラ⓮ジャガイモ⓰SABON⓱『ケセラセラ』Mrs. GREEN APPLE⓲仲が良い⓳一緒にプレーをしよう㉑一軍で

📣 いつも応援ありがとうございます。今年もたくさんのご声援をよろしくお願いします

32

ムードメーカーが捕手争いに名乗り

ISHIKAWA Ryo　捕手

石川 亮

1995年7月20日（29歳）／181cm・87kg／O型／右投右打／11年目／神奈川県／帝京高→日本ハム（ドラフト8巡目・14〜22）→オリックス（23〜）

初出場	2014.10.2（西武ドーム）対西武24回戦	先発捕手
初安打	2014.10.2（西武ドーム）対西武24回戦	2回右線三（牧田）
初打点	2014.10.2（西武ドーム）対西武24回戦	2回（牧田）

● 公式戦個人年度別成績

年度	所属球団	試合	打数	安打	本塁打	打点	盗塁	打率
2014	日本ハム	1	4	1	0	3	0	.250
2015	日本ハム	27	28	6	0	3	0	.214
2016	日本ハム	1	0	0	0	0	0	.000
2018	日本ハム	32	50	11	0	3	0	.220
2019	日本ハム	46	75	15	0	3	0	.200
2020	日本ハム	17	21	3	0	1	0	.143
2021	日本ハム	60	108	20	0	7	0	.185
2022	日本ハム	23	45	7	0	3	0	.156
2023	オリックス	14	11	1	0	0	0	.091
通算9年		221	342	64	0	23	0	.187

● 二軍公式戦個人年度別成績

年度	所属球団	試合	打数	安打	本塁打	打点	盗塁	打率
2014	日本ハム	88	260	64	5	25	1	.246
2015	日本ハム	25	63	14	1	6	0	.222
2016	日本ハム	54	145	26	2	10	1	.179
2017	日本ハム	31	77	21	2	5	0	.273
2018	日本ハム	34	101	18	2	10	0	.178
2019	日本ハム	24	56	8	1	7	0	.143
2020	日本ハム	28	42	11	0	6	0	.262
2021	日本ハム	5	11	4	0	4	1	.364
2022	日本ハム	30	69	13	2	7	0	.188
2023	オリックス	9	15	5	0	3	0	.333
通算10年		328	839	184	15	83	4	.219

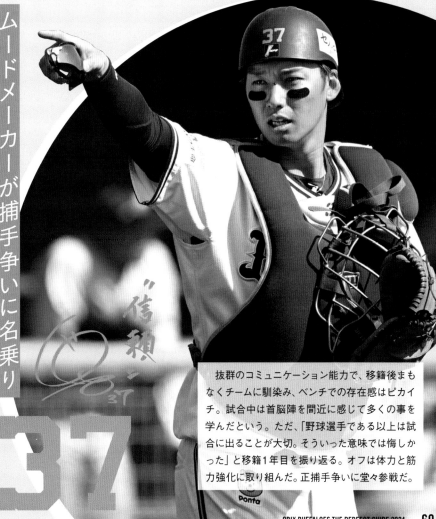

　抜群のコミュニケーション能力で、移籍後まもなくチームに馴染み、ベンチでの存在感はピカイチ。試合中は首脳陣を間近に感じて多くの事を学んだという。ただ、「野球選手である以上は試合に出ることが大切。そういった意味では悔しかった」と移籍1年目を振り返る。オフは体力と筋力強化に取り組んだ。正捕手争いに堂々参戦だ。

Q&A
❶明るさ、個性あるリード❷りょうくん❸犬❹ドラム❺早食い❻空手❼ブルー❽ボケ❾コーヒー❿K-1ファイター⓫家から府中まで自転車で通ったこと⓬外食⓭ペンギン⓮ルー⓯千鳥の大悟⓰せっけん⓱watson⓲モンキー・D・ルフィ（ONE PIECE）⓳選手、ファンがあたたかい㉑野球を楽しむこと㉑勝利に必要なピースになる

📣 オリックスのファンは日本一

37

44

頓宮 裕真

1996年11月17日(28歳) ／182cm・103kg ／
AB型／右投右打／6年目／岡山県／
岡山理科大学附属高→亜細亜大→オリックス(ドラフト2巡目・19〜)

初 出 場 ▶ 2019.3.29 (札幌ドーム)対日本ハム1回戦		先発三塁手
初 安 打 ▶ 2019.3.29 (札幌ドーム)対日本ハム1回戦		1回右安打(上沢)
初本塁打 ▶ 2019.4.18 (ほっと神戸)対日本ハム6回戦		7回(加藤)
初 打 点 ▶ 2019.3.29 (札幌ドーム)対日本ハム1回戦		1回(上沢)

タイトル	★首位打者(23)
表彰	★ベストナイン<一>(23)

顔晴れ

4番候補！ホームランにも意欲

　パワフルな打撃のイメージが先行するが、確実性を求め
た昨季は逆方向への意識を強め、見事、首位打者という栄
誉に輝いた。 ただ、「最後の最後でケガをしてしまって
……」と悔しい思いも。左足薬指疲労骨折で痛む足をおし
て出場した日本シリーズでは、3ホーマーと気を吐いた。「や
っぱりホームランにはこだわりたいですね」と、アベレージ
のみならず大きな一発にも意欲を示す。指揮官から受け
た"4番奪取指令"でモチベーションも高まった。「フルシ
ーズンしっかり戦えるように」と中軸打者の鼻息は荒い。

● 公式戦個人年度別成績

年度	所属球団	試合	打数	安打	本塁打	打点	盗塁	打率
2019	オリックス	28	91	18	3	10	0	.198
2020	オリックス	12	32	10	2	5	0	.313
2021	オリックス	46	112	26	5	14	0	.232
2022	オリックス	81	234	53	11	34	0	.226
2023	オリックス	113	401	123	16	49	0	.307
通算5年		280	870	230	37	112	0	.264

● 二軍公式戦個人年度別成績

年度	所属球団	試合	打数	安打	本塁打	打点	盗塁	打率
2019	オリックス	26	80	22	3	11	0	.275
2020	オリックス	20	58	15	4	13	1	.259
2021	オリックス	40	103	16	1	10	0	.155
2022	オリックス	13	42	13	4	12	0	.310
2023	オリックス	5	14	3	1	1	0	.214
通算5年		104	297	69	13	47	1	.232

Q&A
❶太もも❷とんぐう❹犬❺リコーダー❼赤❽ボケ❾明治プロ
ビオヨーグルトR-1❿競艇選手⓫よくトイレに行ってた⓭ゴリ
ラ⓮チーズ⓯ロバートの秋山竜次、カジサック⓲みんなが仲
良し⓴顔晴れ!!㉑レギュラーを獲る!!

◀ ほいさ〜

CATCHER

捕手

MURAKAMI Kyoichiro

村上 喬一朗

2000年12月1日(24歳)／168cm・82kg／B型／
右投右打／2年目／愛媛県／
東福岡高→法政大→オリックス（育成ドラフト5巡目・23〜）

プロ一年目で感じたことを力に！

ルーキーイヤーはウエスタンで35試合に出場、プロとしての経験を積んだ。「自分ができることとできないことを実感した」と、捕手としてのアマチュア時代の考え方では通用しない現実を思い知らされたという。台湾のウインターリーグでは打率.294と打撃面でも活躍。プロ2年目、一歩でも支配下に近づきたい。

❋ 二軍公式戦個人年度別成績

年度	所属球団	試合	打数	安打	本塁打	打点	盗塁	打率
2023	オリックス	35	59	16	0	5	0	.271
	通算1年	35	59	16	0	5	0	.271

Q&A

❶ニコニコスマイル❷きょういち〜。❸犬❹サックス❺ニキビができない❻三味線が弾けます❼オレンジ❽ボケ❾水❿野球選手⓫練習後、川に飛び込んでた⓬ハーゲンダッツ！⓭犬⓮ルー⓯原田葵⓰金木犀⓱攻めていこーぜ！⓲ちいかわ⓳良い人ばっか⓴野球を楽しんでね㉑支配下登録

📢 温かい応援ありがとうございます

コーチ兼任の年男

ADACHI Ryoichi　内野手

安達 了一

1988年1月7日(36歳)／179cm・80kg／O型／
右投右打／13年目／群馬県
榛名高→上武大→東芝→オリックス(ドラフト1巡目・12〜)

初 出 場 ▶ 2012.5.12（京セラドーム）対楽天8回戦	8回代走
初 安 打 ▶ 2012.7.7（QVCマリン）対ロッテ10回戦	6回左中二（大谷）
初本塁打 ▶ 2013.4.5（京セラドーム大阪）対西武1回戦	7回（岸）
初 打 点 ▶ 2012.7.7（QVCマリン）対ロッテ10回戦	2回（渡辺）

● 公式戦個人年度別成績

年度	所属球団	試合	打数	安打	本塁打	打点	盗塁	打率
2012	オリックス	50	88	14	0	4	2	.159
2013	オリックス	131	395	93	5	30	16	.235
2014	オリックス	143	486	126	8	50	29	.259
2015	オリックス	139	506	121	11	55	16	.239
2016	オリックス	118	403	110	1	34	6	.273
2017	オリックス	109	316	64	3	26	4	.203
2018	オリックス	140	465	102	3	41	20	.219
2019	オリックス	56	155	43	2	20	10	.277
2020	オリックス	78	266	77	2	23	15	.289
2021	オリックス	100	321	83	0	18	5	.259
2022	オリックス	65	206	54	1	18	3	.262
2023	オリックス	23	60	11	0	4	1	.183
通算12年		1152	3667	898	36	323	127	.245

● 二軍公式戦個人年度別成績

年度	所属球団	試合	打数	安打	本塁打	打点	盗塁	打率
2012	オリックス	34	130	35	2	11	3	.269
2013	オリックス	5	20	5	0	0	0	.250
2016	オリックス	4	10	3	0	0	0	.300
2017	オリックス	1	3	1	0	1	0	.333
2019	オリックス	16	44	8	0	2	2	.182
2021	オリックス	5	11	2	0	0	1	.182
2022	オリックス	3	7	2	0	0	0	.286
2023	オリックス	20	49	9	1	5	1	.184
通算8年		88	274	65	3	19	7	.237

3

野手最年長となったリーダー格の今季は、コーチ兼任。「教える立場となって野球の見方が変わるはず」と新たな立場をプラスに捉える。もちろん、軸足は選手側に置いてのシーズン。持ち前の守備力に加え、バッティング面での力強さも求めていく。目標はリーグ連覇と日本一奪還。まだまだ若い者には負けていられない。

Q&A
③犬④ドラム⑨コーヒー、グミ⑭らっきょう⑮なにわ男子、WEST.⑯SHIRO⑰『ダイヤモンドスマイル』なにわ男子、『証拠』WEST.⑳楽しくやろう!!㉑日本一

📣 応援は力になります。ありがとうございます

NISHINO Masahiro　内野手

西野 真弘

勝負強さでポジション獲りだ！

5

1990年8月2日(34歳)／167cm・71kg／O型／右投左打／10年目／東京都
／東海大付属浦安高→国際武道大→JR東日本→オリックス(ドラフト7巡目・15〜)

初 出 場 ▶ 2015.4.2 （ヤフオクドーム）対ソフトバンク3回戦	5回代打
初 安 打 ▶ 2015.4.12（コボスタ宮城）対楽天3回戦	7回右安打（戸村）
初本塁打 ▶ 2015.4.29（京セラドーム大阪）対楽天5回戦	4回（美馬）
初 打 点 ▶ 2015.4.22（QVCマリン）対ロッテ5回戦	7回（藤岡）

● 公式戦個人年度別成績

年度	所属球団	試合	打数	安打	本塁打	打点	盗塁	打率
2015	オリックス	57	191	58	3	22	9	.304
2016	オリックス	143	538	142	4	33	16	.264
2017	オリックス	100	282	66	2	21	8	.234
2018	オリックス	60	188	55	0	16	7	.293
2019	オリックス	56	166	40	1	14	1	.241
2020	オリックス	23	69	17	0	3	0	.246
2021	オリックス	18	41	6	0	1	0	.146
2022	オリックス	43	114	33	0	8	0	.289
2023	オリックス	43	122	24	0	8	0	.197
通算9年		543	1711	441	8	126	41	.258

● 二軍公式戦個人年度別成績

年度	所属球団	試合	打数	安打	本塁打	打点	盗塁	打率
2015	オリックス	3	9	3	0	0	1	.333
2017	オリックス	12	39	9	0	1	2	.231
2018	オリックス	28	86	21	0	5	2	.244
2019	オリックス	47	138	43	0	10	2	.312
2020	オリックス	22	64	23	0	8	2	.359
2021	オリックス	53	152	34	0	13	2	.224
2022	オリックス	40	100	30	0	7	2	.300
2023	オリックス	43	96	27	0	14	1	.281
通算8年		248	684	190	0	58	12	.278

Q&A
②マサヒロ③犬⑤歯笛⑦金⑧ボケ⑨サッカー選手か野球選手⑬モンキー⑮いっぱいいる⑲応援⑳お互い頑張ろう!㉑打つ

📣 温かい応援ありがとうございます!

若いチームのなかでは、もはやベテラン部類に。渋い勝負強さが大きな強みで、「今季は調子の波をできるだけ小さくしたい」と、シーズン通しての活躍を誓った。「特にポジションにはこだわらない。どこかに隙があれば、そこをしっかり狙っていく」と、レギュラー獲りへ虎視眈々。

6

更なる飛躍を期すプロ10年目

MUNE Yuma　内野手

宗 佑磨

維続はカなり

1996年6月7日(28歳)／181cm・83kg／B型／
右投左打／10年目／神奈川県
横浜隼人高→オリックス(ドラフト2巡目・15〜)

初 出 場 ▶ 2016.9.18 (ヤフオクドーム)対ソフトバンク24回戦	先発遊撃手	
初 安 打 ▶ 2017.9.27 (京セラドーム大阪)対日本ハム23回戦	5回左安打(斎藤)	
初本塁打 ▶ 2018.4.30 (京セラドーム大阪)対ソフトバンク6回戦	1回(中田)	
初 打 点 ▶ 2018.4.3 (京セラドーム大阪)対ロッテ1回戦	5回	

表彰	★ゴールデン・グラブ賞＜三＞(21、22、23)
	★ベストナイン＜三＞(21、22、23)

3年連続で、ゴールデン・グラブ賞とベストナインの勲章を得たリーグを代表する三塁手。彼の活躍とチームの優勝が完全にリンクするのは、宗佑磨がチームの核であることの証と言っていい。華麗な守備と開幕戦の決勝アーチに代表される勝負強い打撃など、数字以上に勝利への貢献度は極めて高い。ただ、現状に満足はしていない。「心地よく野球ができる時間が少なかった。メンタル面を安定させるためには技術の向上しかない」と、自らを律する。今季は節目となる10年目、チームのコアメンバーとしてまだまだ上のレベルを目指す!

● 公式戦個人年度別成績

年度	所属球団	試合	打数	安打	本塁打	打点	盗塁	打率
2016	オリックス	3	4	0	0	0	0	.000
2017	オリックス	10	22	4	0	0	0	.182
2018	オリックス	74	266	62	5	22	3	.233
2019	オリックス	54	148	40	2	14	7	.270
2020	オリックス	72	182	41	1	9	5	.225
2021	オリックス	139	481	131	9	42	8	.272
2022	オリックス	130	469	127	5	43	4	.271
2023	オリックス	122	428	105	2	22	1	.245
通算8年		604	2000	510	24	152	28	.255

■ 二軍公式戦個人年度別成績

年度	所属球団	試合	打数	安打	本塁打	打点	盗塁	打率
2015	オリックス	16	21	7	0	1	0	.333
2016	オリックス	60	125	34	3	12	3	.272
2017	オリックス	104	383	107	1	34	8	.279
2018	オリックス	23	84	20	0	10	2	.238
2019	オリックス	48	154	41	1	25	8	.266
2020	オリックス	17	61	17	0	9	0	.279
2021	オリックス	2	4	0	0	1	0	.000
2022	オリックス	1	2	0	0	0	0	.000
2023	オリックス	2	6	1	0	0	0	.167
通算9年		273	840	227	5	92	21	.270

Q&A

❶笑顔❷宗リン❸犬!❹ドラム(数か月だけ習っていた)❻口笛がうまい!❼ラスターカラー❽ツッコミでありたい!❾お茶❿髪切り屋さん⓫山まで走りに行った後の地獄の柔軟体操……。(体が硬かったので毎回泣かされていました)⓬PS5でゲームをすること(バイオハザード、龍が如く)⓭犬⓮ニンジン⓯藤井風くん⓰爽やかな香り⓱『人にやさしく』THE BLUE HEARTS⓲野原しんのすけ(クレヨンしんちゃん)⓳みんな仲が良い!⓴たくさん遊んで、たくさん練習してください!㉑健康第一!

◤ いつも応援ありがとうございます!
変わらず応援してくださると
とてもうれしいです!

最強の両打＆ユーティリティー

Marwin
GONZALEZ　内野手

マーウィン・ゴンザレス

1989年3月14日（35歳）　185cm・93kg　右投両打
2年目／ベネズエラ／ラ・セイヨ高→カブス（05ドラフト外・06〜11途）
→レッドソックス（11途）→アストロズ（12〜18）→ツインズ（19〜20）
→レッドソックス（21〜21途）→アストロズ（21途）→ヤンキース（22）→
オリックス（23〜）

初 出 場	▶	2023.3.31	（ベルナドーム）対埼玉西武1回戦	先発一塁手
初 安 打	▶	2023.4.1	（ベルナドーム）対埼玉西武2回戦	3回右二打（エンス）
初本塁打	▶	2023.4.2	（ベルナドーム）対埼玉西武3回戦	7回（平良）
初 打 点	▶	2023.4.1	（ベルナドーム）対埼玉西武2回戦	3回（エンス）

本物メジャーリーガーのユーティリティーぶりはすごかった。柔らかく自在なハンドリングが生み出す巧みなグラブさばきと、素早く正確なスローイングは日本人選手に真似のできないレベル。しかも、内野のどのポジションでも、守りの精度の高さは変わらない。日本シリーズで放ったホームランなど、ここ一番での勝負強い打撃も彼の大きな魅力で、特に右打席での長打力も相手にとっては大きな脅威だろう。オフにはハワイへの優勝旅行にも参加し、チームにも完全に溶け込んでいる。来日2年目、攻守でより高いパフォーマンスが期待できそうだ。

● 公式戦個人年度別成績

年度	所属球団	試合	打数	安打	本塁打	打点	盗塁	打率
2023	オリックス	84	299	65	12	38	2	.217
	通算1年	84	299	65	12	38	2	.217

● 二軍公式戦個人年度別成績

年度	所属球団	試合	打数	安打	本塁打	打点	盗塁	打率
2023	オリックス	6	18	1	0	1	0	.056
	通算1年	6	18	1	0	1	0	.056

Q&A

学びを愛するところ❷マーゴ❸犬派❹ギター
❺FIFA（ゲーム）❼青❽ツッコミ❾グミ❿プロ野球選手⓫初めてのホームラン⓬ワイン、腕時計⓭ライオン⓯リオネル・メッシ⓰Baccarat 540（red bottle）by Maison⓱『Monaco』バッド・バニー⓳ドラゴンボールZ⓴チームメイトがみんな楽しく、ファンが大きな声援をくれるところ㉑楽しもう。野球は失敗のスポーツだけど、練習も楽しんで頑張れば、必ず思い通りにプレーできてより楽しくなるよ㉓日本一

📣 今年もまたこのチームに戻ることができてとてもうれしく思っています。
早く皆さんの前でプレーすることが
待ちきれません。
今年も応援よろしくお願いします

レギュラー獲りへ堂々参戦の3年目

プロ2年目に下した自己採点は意外にも低い40点。「出だしは良かったが、シーズン最後まで続かなかった」と振り返る。確かに開幕戦ではショートでスタメン起用されたものの、4月半ばにはファームでの調整を命じられた。それでも前年のルーキーイヤーからは出場試合数も伸ばし、思い切りの良いスイングからの印象深いクラッチヒットも少なくなかった。キャンプ前には、森友哉との自主トレで、勝負に際しての技術やメンタルを学んできた。プロ3年目。「やるからにはレギュラーを目指します!」と、ポジション争いに堂々参戦だ。

内 野 手

NOGUCHI
Tomoya

野口 智哉

1999年9月20日（25歳）／ 181cm・95kg ／ B型／
右投左打／ 3年目／奈良県／
鳴門渦潮高→関西大→オリックス（ドラフト2巡目・22〜）

初 出 場	2022.4.19（京セラドーム大阪）対ソフトバンク4回戦	先発三塁手
初 安 打	2022.4.19（京セラドーム大阪）対ソフトバンク4回戦	8回左安打（又吉）
初本塁打	2022.9.22（京セラドーム大阪）対ロッテ24回戦	7回（唐川）
初 打 点	2022.5.5（PayPayドーム）対ソフトバンク9回戦	9回（田浦）

● 公式戦個人年度別成績

年度	所属球団	試合	打数	安打	本塁打	打点	盗塁	打率
2022	オリックス	54	155	35	1	6	0	.226
2023	オリックス	76	226	51	2	19	4	.226
通算2年		130	381	86	3	25	4	.226

● 二軍公式戦個人年度別成績

年度	所属球団	試合	打数	安打	本塁打	打点	盗塁	打率
2022	オリックス	45	155	38	4	20	4	.245
2023	オリックス	43	153	50	6	20	0	.327
通算2年		88	308	88	10	40	4	.286

Q&A

❶鎖骨❷トモヤ❸犬❹鍵盤ハーモニカ❺つめが短い❼赤❽ポケポケポケポケ❾コーヒー❿野球選手⓫H2Oのおいしさに感動した⓬お寿司⓭チンパンジー⓮ルー⓯ダウンタウン⓰自然⓱ロビンソン⓲モンキー・D・ルフィ（ONE PIECE）⓳ファンの方々⓴頑張れ!!㉑レギュラー

◀ ゆとり世代なので優しくしてください

残留の決め手はチーム愛

内野手

OHSHIRO Koji

大城 滉二

1993年6月14日(31歳)／175cm・80kg／B型／右投右打／9年目／沖縄県／興南高→立教大→オリックス(ドラフト3巡目・16〜)

初 出 場	2016.4.3（京セラドーム大阪）対ロッテ3回戦	先発遊撃手
初 安 打	2016.4.3（京セラドーム大阪）対ロッテ3回戦	7回左安打（スタンリッジ）
初本塁打	2017.7.17（ZOZOマリン）対ロッテ15回戦	9回（内）
初 打 点	2016.6.25（ほっと神戸）対日本ハム8回戦	2回（有原）

● 公式戦個人年度別成績

年度	所属球団	試合	打数	安打	本塁打	打点	盗塁	打率
2016	オリックス	64	161	36	0	7	1	.224
2017	オリックス	122	345	85	2	21	7	.246
2018	オリックス	128	377	87	4	28	15	.231
2019	オリックス	91	302	79	3	28	11	.262
2020	オリックス	94	251	52	1	14	7	.207
2021	オリックス	49	61	11	0	5	1	.180
2022	オリックス	57	90	22	2	6	2	.244
2023	オリックス	57	46	9	1	10	1	.196
	通算8年	662	1633	381	13	119	45	.233

● 二軍公式戦個人年度別成績

年度	所属球団	試合	打数	安打	本塁打	打点	盗塁	打率
2016	オリックス	35	122	35	0	9	5	.287
2017	オリックス	5	21	6	0	1	0	.286
2019	オリックス	1	3	2	0	2	0	.667
2020	オリックス	3	9	4	0	1	1	.444
2021	オリックス	4	10	3	0	1	0	.300
2022	オリックス	18	44	8	0	1	0	.182
2023	オリックス	6	14	3	0	4	1	.214
	通算7年	72	223	61	0	18	7	.274

100試合出場

10

FA権獲得も行使せずチームに残留。決め手はチームへの愛情。「このチームで頑張りたいと心から思えた」と、オリックスでの完全燃焼を誓う。高い身体能力が生み出す守備力と、天才的なバットさばきは彼の最大の強み。「今年は沖縄での公式戦もあるので楽しみ」と、地元での試合に思いを寄せる。今季も渋い仕事を!

Q&A

❶全部 ❷コージ ❸犬 ❹三線 ❺ボウリング ❼茶 ❽両方 ❾ハッシュドポテト ❿学校の先生 ⓫県大会準優勝 ⓮福神漬け ⓯黒木メイサ ⓰ラベンダー ⓱僕らの花束 ⓲アカギ(アカギ〜闇に降り立った天才〜) ⓳仲が良い ⓴一緒に頑張ろう ㉑100試合

☛ **熱い声援いつもありがとうございます**

変わらない安心、これからも

RENEWAL!

客室とレストランを2023年秋にリニューアルしました

24

紅林 弘太郎

2002年2月7日(22歳)／187cm・94kg／B型／
右投右打／5年目／静岡県／
駿河総合高→オリックス(ドラフト2巡目・20〜)

初 出 場 ▶	2020.11.3（京セラドーム大阪）対楽天22回戦	先発遊撃手
初 安 打 ▶	2020.11.3（京セラドーム大阪）対楽天22回戦	2回中前打（則本）
初 本 塁 打 ▶	2021.3.28（メットライフ）対西武3回戦	7回（ギャレット）
初 打 点 ▶	2020.11.4（京セラドーム大阪）対楽天23回戦	2回（涌井）
表彰	★ベストナイン＜遊＞（23）	

リーグを代表する大型遊撃手

昨季は開幕ファームスタートだったにもかかわらず、3年連続で規定打席到達、ベストナインという勲章を手中に収めた。今やリーグを代表するショートストップというステータスを確かなものにしながらも、まだまだ余力を残した伸びシロが大きな魅力。今季、彼がこだわりを示すのは長打と勝負強さで「ホームランの数と長打率を伸ばしたいし、あとは打点です」と意欲を示す。そして、狙いたいのは遊撃手としての評価を高める"ゴールデン・グラブ賞"。目指す山が高いのは向上心の表れ。チームの核として、彼の進化は止まらない。

● 公式戦個人年度別成績

年度	所属球団	試合	打数	安打	本塁打	打点	盗塁	打率
2020	オリックス	5	17	4	0	2	0	.235
2021	オリックス	136	448	102	10	48	2	.228
2022	オリックス	130	450	101	6	32	2	.224
2023	オリックス	127	443	122	8	39	4	.275
	通算4年	398	1358	329	24	121	8	.242

● 二軍公式戦個人年度別成績

年度	所属球団	試合	打数	安打	本塁打	打点	盗塁	打率
2020	オリックス	86	309	68	1	20	1	.220
2021	オリックス	2	6	2	0	0	0	.333
2022	オリックス	6	25	11	0	4	1	.440
2023	オリックス	16	57	16	0	2	0	.281
	通算4年	110	397	97	1	26	2	.244

Q&A

①肩②インピンジ③犬④アコーディオン⑤逆立ち⑥大食い⑦赤、黒⑧ボケ⑨ゼリー⑩サッカー選手⑪優勝⑫コンビニ⑬ハクビシン⑭牛すじ⑮生見愛瑠⑯金木犀⑰オレガヤレバ⑱孫悟空（ドラゴンボール）⑲仲良い⑳壁あて㉑20ホームラン

◀ ありがとうございます

覚醒待たれる和製大砲

NAITO Ho 内野手

内藤 鵬

2004年10月5日(20歳)／180cm・103kg／A型／
右投右打／2年目／愛知県／
日本航空高石川→オリックス(ドラフト2巡目・23〜)

　春季キャンプから存在感を示し、シーズン序盤は
ファームで4番も任された。順風満帆に思えたルー
キーイヤーも左ひざ半月板損傷の大ケガで暗転、リ
ハビリに時間を費やした。それでも、ウエイトトレー
ニングの成果もあって見事にパワーアップ。昨秋の
フェニックス・リーグで実践復帰も果たして今季に
臨む。大きな一発に期待。

● 二軍公式戦個人年度別成績

年度	所属球団	試合	打数	安打	本塁打	打点	盗塁	打率
2023	オリックス	28	106	21	2	15	0	.198
	通算1年	28	106	21	2	15	0	.198

Q&A

❶飛距離❷ほう、ほうちゃん、ほうくん❸犬❹ピアノ❺ボウリング
❻永遠にポキポキできる❼黄色❽ボケ❾シュークリーム、アイス、
ジュース❿プロ野球選手⓫西武ドームでホームランを打ったこと
⓬オフの日に爆食い⓭クマ⓮ジャガイモ⓯永野芽郁⓰焼肉の
におい⓱向日葵⓲おさるのジョージ⓳先輩が優しい⓴フルスイン
グ㉑ケガなし、一軍初ホームラン

📢 今年もよろしくお願いします

光るセンスが地元で開花

内野手 HIROOKA Taishi 廣岡 大志

1997年4月9日(27歳)／185cm・89kg／O型／右投右打／9年目／大阪府／智辯学園高→ヤクルト(ドラフト2巡目・16～21途)→巨人(21途～23途)→オリックス(23途～)

初 出 場	2016.9.29 (横浜)対横浜DeNA25回戦	先発遊撃手
初 安 打	2016.9.29 (横浜)対横浜DeNA25回戦	2回本塁打(三浦)
初本塁打	2016.9.29 (横浜)対横浜DeNA25回戦	2回(三浦)
初 打 点	2016.9.29 (横浜)対横浜DeNA25回戦	2回(三浦)

◉公式戦個人年度別成績

年度	所属球団	試合	打数	安打	本塁打	打点	盗塁	打率
2016	ヤクルト	2	7	3	1	3	0	.429
2017	ヤクルト	11	28	7	0	1	0	.250
2018	ヤクルト	45	115	24	2	10	0	.209
2019	ヤクルト	91	202	41	10	25	1	.203
2020	ヤクルト	87	121	26	4	15	4	.215
2021	巨人	78	106	20	5	15	2	.189
2022	巨人	28	50	9	4	0	0	.180
2023	巨人	9	28	6	1	2	1	.214
2023	オリックス	44	90	18	1	9	0	.200
通算8年		395	747	154	28	84	8	.206

◉二軍公式戦個人年度別成績

年度	所属球団	試合	打数	安打	本塁打	打点	盗塁	打率
2016	ヤクルト	113	404	88	10	47	0	.218
2017	ヤクルト	110	422	103	16	57	17	.244
2018	ヤクルト	61	221	54	6	33	6	.244
2019	ヤクルト	14	51	9	1	7	1	.176
2020	ヤクルト	10	33	7	0	1	0	.212
2021	巨人	44	159	47	10	29	8	.296
2022	巨人	82	255	58	8	38	3	.227
2023	巨人	20	61	22	4	7	3	.361
2023	オリックス	35	110	30	2	14	2	.273
通算8年		489	1716	418	59	233	40	.244

シーズン途中の移籍加入、しかも初のパ・リーグという難しさがあったにもかかわらず、攻守にわたって勝利に直結する活躍で存在感を見せつけた。「しっかり練習して安定した守りができるように」と、専門外である外野のポジションにも意欲を示す。センス豊かな走塁や守備面だけでなく、長打力にも期待したい。

30

Q&A
①気合②たいし③犬④ドラム⑤スノーボード⑥スノーボード⑦青⑧どっちも⑨ハイチュウ⑩ハリウッドスター⑪全国制覇⑫コンビニつめこむ⑬ゾウ⑭牛肉⑮木村拓哉⑯家のにおい⑰田園⑱奈良シカマル(NARUTO -ナルト-)⑲みんな優しい⑳気合㉑勝つ

◀ 応援ありがとうございます

31

内野手 OHTA Ryo 太田 椋

"攻めの姿勢"

2001年2月14日(23歳)／181cm・84kg／B型／右投右打／6年目／大阪府／天理高→オリックス(ドラフト1巡目・19～)

初 出 場	2019.9.14 (京セラドーム大阪)対楽天23回戦	先発遊撃手
初 安 打	2020.7.16 (京セラドーム大阪)対ソフトバンク3回戦	3回中本打(バンデンハーク)
初本塁打	2020.7.16 (京セラドーム大阪)対ソフトバンク3回戦	3回(バンデンハーク)
初 打 点	2020.7.16 (京セラドーム大阪)対ソフトバンク3回戦	3回(バンデンハーク)

◉公式戦個人年度別成績

年度	所属球団	試合	打数	安打	本塁打	打点	盗塁	打率
2019	オリックス	6	13	0	0	0	0	.000
2020	オリックス	20	54	14	3	5	0	.259
2021	オリックス	53	151	26	3	9	1	.172
2022	オリックス	32	92	18	1	5	0	.196
2023	オリックス	18	60	15	2	7	0	.250
通算5年		129	370	73	9	26	1	.197

◉二軍公式戦個人年度別成績

年度	所属球団	試合	打数	安打	本塁打	打点	盗塁	打率
2019	オリックス	64	233	60	6	21	4	.258
2020	オリックス	40	144	35	3	14	0	.243
2021	オリックス	52	174	33	3	9	1	.190
2022	オリックス	62	219	67	5	33	1	.306
2023	オリックス	16	53	17	0	4	0	.321
通算5年		234	823	212	17	81	6	.258

Q&A
①三角筋②りょう③猫④ギター⑤すぐにだじゃれが思いつく⑥靴を脱ぐとき絶対に靴をそろえる⑦ピンク⑧どっちもできる⑨プロテイン⑩プロ野球選手⑪最後の大会で優勝したこと⑫ひとり焼肉⑬タヌキ⑭ニンジン⑮渡部遼人⑯柑橘系⑰『Happiness』嵐⑱キン肉マン(キン肉マン)⑲雰囲気が良くてやりやすい⑳楽しんで頑張って㉑一軍定着

◀ いつも応援ありがとうございます

故障明け、6年目の飛躍へ！

昨季は度重なる左手首の故障で、9月には手術を受け、シーズン後半はリハビリとウエイトトレーニングに時間を割いた。「筋肉量も増え、体も強くなりました」と、戦列を離れていた間の練習に手応えも。「今季が楽しみ」と、本人も前向きだ。開花待たれるプロスペクトも6年目。目指すはシーズン完走とセカンドの定位置獲得だ。

山足 達也

YAMAASHI Tatsuya 内野手

光るスーパーサブの存在感

1993年10月26日(31歳) ／ 174cm・76kg ／ AB型 ／
右投右打 ／ 7年目 ／ 大阪府 ／
大阪桐蔭高→立命館大→Honda鈴鹿→オリックス(ドラフト8巡目・18〜)

初 出 場	▶ 2018.3.30 (ヤフオクドーム)対ソフトバンク1回戦	先発二塁手	
初 安 打	▶ 2018.3.30 (ヤフオクドーム)対ソフトバンク1回戦	1回中安打(千賀)	
初本塁打	▶ 2018.9.7 (ヤフオクドーム)対ソフトバンク19回戦	3回(千賀)	
初 打 点	▶ 2018.5.8 (京セラドーム大阪)対日本ハム6回戦	2回(マルティネス)	

●公式戦個人年度別成績

年度	所属球団	試合	打数	安打	本塁打	打点	盗塁	打率
2018	オリックス	25	60	10	1	7	2	.167
2019	オリックス	28	61	10	1	8	0	.164
2020	オリックス	63	96	21	1	5	3	.219
2021	オリックス	53	33	9	0	1	0	.273
2022	オリックス	39	44	8	1	2	1	.182
2023	オリックス	32	25	5	0	0	2	.200
通算6年		240	319	63	4	23	8	.197

●二軍公式戦個人年度別成績

年度	所属球団	試合	打数	安打	本塁打	打点	盗塁	打率
2018	オリックス	43	156	47	3	13	7	.301
2019	オリックス	58	179	42	3	24	5	.235
2020	オリックス	3	5	0	0	0	0	.000
2021	オリックス	33	85	21	0	6	2	.247
2022	オリックス	18	51	18	0	6	2	.353
2023	オリックス	55	140	38	1	19	2	.271
通算6年		210	616	166	7	68	18	.269

走塁や守備面での活躍が光るスーパーサブ。特に守備面での安定感は抜群で、昨季、バッテリー以外の内野4ポジションを守りながらもエラー数はゼロだった。「守りは自分の長所。ただ、試合に出るためには打たなないと」と、前を見据える。ポジションはどこでもOK。試合に出るための準備は怠らない。

日々成長

36

Q&A

①全力プレー②たつ③犬派④ピアノ⑤整理整頓⑦ブルー⑧両方⑨グミ⑩体操選手⑪父とのキャッチボール⑫タヌキ⑭ルー⑮千鳥⑯フレグランス⑰ONE OK ROCK⑱江戸川コナン(名探偵コナン)⑲仲良し⑳ファイト!!㉑必死にやる

📣 応援ありがとうございます

レアンドロ・セデーニョ

Leandro CEDENO 内野手

まだまだ成長途上の長距離砲

1998年8月22日(26歳) ／ 194cm・118kg ／ 右投右打 ／ 2年目 ／
ベネズエラ ／ リセオ・ヴィルヘン・デル・ロサリオ高→カージナルス(14ドラフト外・15〜21)→ダイヤモンドバックス(22)→オリックス(23〜)

初 出 場	▶ 2023.5.19 (京セラドーム大阪)対日本ハム6回戦	先発指名打者	
初 安 打	▶ 2023.5.21 (京セラドーム大阪)対日本ハム8回戦	2回中越二(鈴木)	
初本塁打	▶ 2023.7.4 (東京ドーム)対楽天11回戦	2回(田中将)	
初 打 点	▶ 2023.5.21 (京セラドーム大阪)対日本ハム8回戦	2回(鈴木)	

●公式戦個人年度別成績

年度	所属球団	試合	打数	安打	本塁打	打点	盗塁	打率
2023	オリックス	57	176	43	9	34	0	.244
通算1年		57	176	43	9	34	0	.244

●二軍公式戦個人年度別成績

年度	所属球団	試合	打数	安打	本塁打	打点	盗塁	打率
2023	オリックス	40	123	41	4	19	1	.333
通算1年		40	123	41	4	19	1	.333

Q&A

①打撃②レオ③犬派④ドラム⑥ジョークがうまい⑦赤⑧ボケ⑨グミ⑩今のような良い生活を送ること⑪トーナメント優勝⑫ネックレス⑬ライオン⑭ビーフ⑮ミゲル・カブレラ⑰ラテンミュージック⑲ラオウ(チームメイトの方)⑳家族のような愛があるところ㉑楽しもう㉑打撃タイトルを獲る

📣 昨年は応援ありがとうございました。
今年もよろしくお願いします。

育成選手としてのスタートだったが、持ち前のパワーと野球への取り組み方が評価され、昨季途中に支配下契約を勝ち取った。2度目の一軍昇格となった6月下旬からは、故障で戦列を離れた森の穴を埋める打撃で、チームの危機を救った。日本の野球にも慣れた2年目。伸びシロもまだまだ充分。さらなる成長に期待がかかる。

Vamos!!

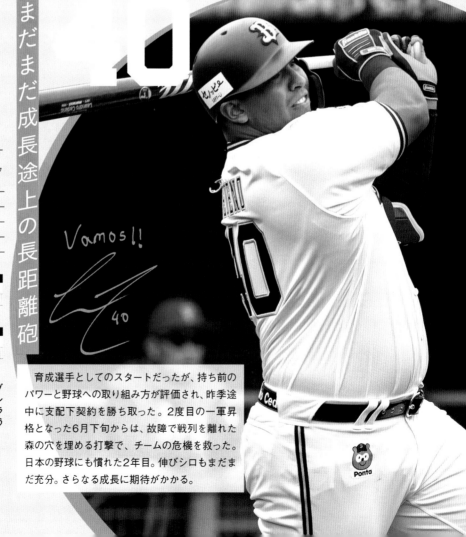

パワーアップで地元凱旋だ！

GIBO Sho 内野手
宜保 翔

2000年11月26日（24歳）／175cm・75kg／O型／
右投左打／6年目／沖縄県／
KBC学園未来高沖縄→オリックス（ドラフト5巡目・19〜）

初 出 場	▶ 2019.9.6　（札幌ドーム）対日本ハム20回戦	先発遊撃手
初 安 打	▶ 2019.9.23（京セラドーム大阪）対ソフトバンク23回戦	3回左中二（高橋礼）
初 打 点	▶ 2020.9.20（京セラドーム大阪）対西武18回戦	3回（松本）

●公式戦個人年度別成績

年度	所属球団	試合	打数	安打	本塁打	打点	盗塁	打率
2019	オリックス	8	26	6	0	0	0	.231
2020	オリックス	10	17	2	0	2	0	.118
2021	オリックス	33	25	4	0	1	0	.160
2022	オリックス	23	29	5	0	2	0	.172
2023	オリックス	62	147	41	0	9	1	.279
通算5年		136	244	58	0	14	1	.238

●二軍公式戦個人年度別成績

年度	所属球団	試合	打数	安打	本塁打	打点	盗塁	打率
2019	オリックス	111	375	85	0	20	13	.227
2020	オリックス	41	78	17	0	7	2	.218
2021	オリックス	63	209	47	0	14	2	.225
2022	オリックス	45	170	45	0	15	3	.265
2023	オリックス	11	41	12	0	5	1	.293
通算5年		271	873	206	0	61	21	.236

53

　昨季の出場試合数は62。打率、出塁率もあわせ、キャリアハイだった。「前半戦は感じも良かったのですが、後半はもう少しやれたかな」と反省も。オフはフィジカル面の強化に重きを置いてトレーニングに励んだ。目指すは、調子の波をなくしてのシーズン完走。「沖縄での試合にはぜひとも出たい」と地元凱旋に思いを馳せる。

Q&A
❶全力プレー！❷ぎぼちゃん❸犬❹ギター❺料理❻木登りが得意だった❼みどり❽ツッコミ❾スポーツドリンク❿サッカー選手⓫朝一に父と兄と公園に練習に行ってたこと⓬焼肉⓭犬⓮とり肉⓯XG⓰海⓱『Longiness』SugLawd Familiar⓲イギー（ジョジョの奇妙な冒険）⓳ファンが優しい⓴夢はかなう㉑全力プレー

📢 いつも応援ありがとう

OHSATO Kosei 内野手
大里 昂生

狙うはプロ初安打と一軍定着

64

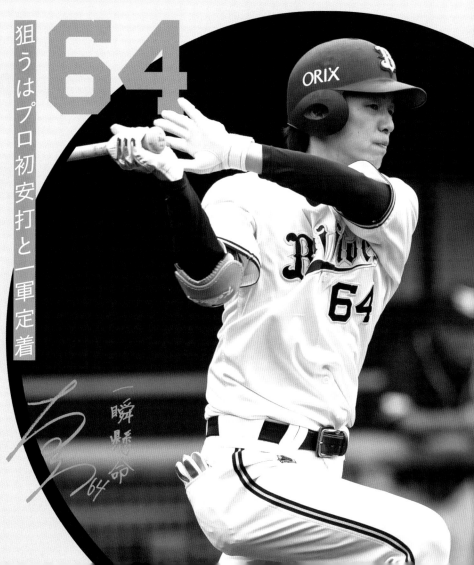

1999年7月7日（25歳）／178cm・76kg／O型／
右投左打／3年目／岩手県／
盛岡大附属高→東北福祉大→オリックス（育成ドラフト3巡目・22〜）

初 出 場	▶ 2023.4.12（楽天モバイル）対楽天2回戦	9回代打

　昨季は4月に支配下契約を勝ち取るも、直後の故障で悔しい思いも。ただ、一軍のゲームを肌で感じられた経験値は大きい。オフには台湾でのウインターリーグに参加し、多くの実戦を経て今季に臨む。「逆方向への強い打球を意識したい」とステップアップを期する。ケガなく過ごして一軍定着を目指す。

●公式戦個人年度別成績

年度	所属球団	試合	打数	安打	本塁打	打点	盗塁	打率
2023	オリックス	5	2	0	0	0	0	.000
通算1年		5	2	0	0	0	0	.000

●二軍公式戦個人年度別成績

年度	所属球団	試合	打数	安打	本塁打	打点	盗塁	打率
2022	オリックス	73	165	41	0	13	3	.248
2023	オリックス	53	139	30	2	14	4	.216
通算2年		126	304	71	2	27	7	.234

Q&A
❶スマイル❷こび、さと、こうせい、大里❸犬派❹ピアノ❼赤、黄❽ボケ❾スイーツ❿プロ野球選手⓫練習後のコンビニ⓬サル⓮ジャガイモ⓯鈴木伸之、広瀬アリス⓰EAU DE LUXS（柔軟剤）⓱ALL NIGHT LONG⓲範馬刃牙（グラップラー刃牙）⓳チームの雰囲気⓴本気になったらいいます㉑一軍定着

📢 いつも差し入れありがとうございます

無敵のケイタがチームを牽引

邁進

NAKAGAWA Keita　内野手

中川 圭太

1996年4月12日（28歳）／180cm・76kg／B型／
右投右打　6年目／大阪府／
PL学園高→東洋大→オリックス（ドラフト7巡目・19〜）

初 出 場 ▶	2019.4.20	（楽天生命パーク）対楽天5回戦	9回代打
初 安 打 ▶	2019.4.24	（ヤフオクドーム）対ソフトバンク5回戦	3回右安打（武田）
初本塁打 ▶	2019.5.10	（ほっと神戸）対楽天7回戦	5回（美馬）
初 打 点 ▶	2019.4.24	（ヤフオクドーム）対ソフトバンク5回戦	9回（森）

　キャリア最多の135試合に出場し、今ではチームを牽引するコアメンバーのひとりに成長した。ホームラン、ヒット、打点でも自己ベストを更新したが、「今の成績にはまだまだ満足はできない」と、目指す高みはさらに上にあるようだ。また、「ミートの確率やコンタクト力を高めること、あとは打球速度をもっと上げて、長打も増やしたい」と、今季のテーマを口にした。走攻守、すべての面で示す高いレベルのパフォーマンスも大きな魅力。守備も打順もユーティリティー、無敵のケイタが今季もチームを引っ張る。

● 公式戦個人年度別成績

年度	所属球団	試合	打数	安打	本塁打	打点	盗塁	打率
2019	オリックス	111	364	105	3	32	9	.288
2020	オリックス	45	144	21	2	13	3	.146
2021	オリックス	61	156	33	1	7	1	.212
2022	オリックス	110	424	120	8	51	11	.283
2023	オリックス	135	506	136	12	55	5	.269
通算5年		462	1594	415	26	158	29	.260

● 二軍公式戦個人年度別成績

年度	所属球団	試合	打数	安打	本塁打	打点	盗塁	打率
2019	オリックス	22	82	24	2	17	8	.293
2020	オリックス	39	135	45	5	33	3	.333
2021	オリックス	17	58	11	0	4	2	.293
2022	オリックス	13	36	12	1	3	0	.333
通算4年		91	311	98	8	57	13	.315

Q&A
①全力プレー②圭太③犬⑦赤⑧どっちも⑨コーヒー⑩野球選手⑪冬の鬼⑫ランニング⑬⑮BTS⑯JO MALONE⑰『Answer: Love Myself』BTS⑲楽しい雰囲気⑳楽しもう㉑日本一

✎ いつもありがとう！

堅実な守りで支配下へアピール

内野手 **INFIELDER**

UENO Kyohei

上野 響平

2001年4月26日(23歳)／172cm・74kg／A型／右投右打／5年目／大阪府／京都国際高→日本ハム(ドラフト3巡目・20〜22)→オリックス(23〜)

初出場 ▶ 2021.4.13 (メットライフ)対西武3回戦　先発遊撃手

初安打 ▶ 2022.4.8 (札幌ドーム)対楽天1回戦　3回左二(早川)

　移籍1年目はファームで80試合に出場、実戦を通してレベルアップを図った。元来、守備力には定評があり「守備には自信があります」と本人。課題の打撃では相手投手の強い球をしっかり打ち返すというテーマに取り組んでいて、成果も見え始めてきた。オフの台湾派遣は期待の表れ。プロ5年目、目指すは支配下だ。

● 公式戦個人年度別成績

年度	所属球団	試合	打数	安打	本塁打	打点	盗塁	打率
2021	日本ハム	4	2	0	0	0	0	.000
2022	日本ハム	12	27	2	0	0	0	.074
通算2年		16	29	2	0	0	0	.069

● 二軍公式戦個人年度別成績

年度	所属球団	試合	打数	安打	本塁打	打点	盗塁	打率
2020	日本ハム	51	161	28	0	8	0	.174
2021	日本ハム	68	206	43	0	10	1	.209
2022	日本ハム	72	204	38	0	11	4	.186
2023	オリックス	80	164	35	1	12	4	.213
通算4年		271	735	144	1	41	9	.196

Q&A

❶守備❷キョウヘイ❸犬❹ギター❺ボウリング❻目の皮を裏返らせる❼赤、紺❽ツッコミ❾プリン❿野球選手⓫試合帰りのガリガリ君⓬休みの日のクレープ⓭カワウソ⓮ジャガイモ⓯Mrs. GREEN APPLE⓰金木犀⓱『ニュー・マイ・ノーマル』Mrs. GREEN APPLE⓲両津勘吉(こちら葛飾区亀有公園前派出所)⓳みんな仲が良い⓴好きな野球で全力で頑張ろう!㉑支配下!

◀ オリックスに来て1年の僕を応援していただきありがとうございました!今季もよろしくお願いします!

124

ANA CROWNE PLAZA
AN IHG HOTEL
FUKUOKA

心地よい眠りで
快適な旅を

Image

3年目の飛躍を期すオリの韋駄天

WATANABE Haruto　外野手

渡部 遼人

1999年9月2日(25歳) ／171cm・70kg ／ O型／左投左打／3年目／東京都／桐光学園高→慶應義塾大→オリックス(ドラフト4巡目・22〜)

初 出 場	2022.3.26 (ベルーナドーム)対西武2回戦	先発中堅手
初 安 打	2022.9.10 (京セラドーム大阪)対ソフトバンク21回戦 4回右打(板東)	
初 打 点	2022.9.10 (京セラドーム大阪)対ソフトバンク21回戦 4回(板東)	

　昨季はウエスタン・リーグで盗塁王のタイトルを獲得。強みのスピードを大いにアピールした。ならば、次なる目標は一軍定着というのは自然の流れ。オフには打撃フォームの改造に取り組み、確かな手応えも。「打って、走って、しっかり守る」を徹底し、優しい顔をした韋駄天がグラウンドを駆けまわる。定位置を虎視眈々と狙う。

●公式戦個人年度別成績

年度	所属球団	試合	打数	安打	本塁打	打点	盗塁	打率
2022	オリックス	16	17	1	0	2	1	.059
2023	オリックス	32	41	7	0	1	2	.171
	通算2年	48	58	8	0	3	3	.138

●二軍公式戦個人年度別成績

年度	所属球団	試合	打数	安打	本塁打	打点	盗塁	打率
2022	オリックス	79	294	76	1	26	13	.259
2023	オリックス	75	199	51	0	10	20	.256
	通算2年	154	493	127	1	36	33	.258

Q&A
①移動速度②わっくん③犬④木琴⑤学歴⑦ムラサキ⑨ツッコミ⑨R-1⑩Jリーガー⑪怒られたこと⑫「おつり、いらないです」⑬ミーアキャット⑭福神漬け⑯ジャスミン⑰頑張りましょう⑱殿馬一人(ドカベン)⑲ファンが温かい⑳小さくても頑張ろう!!㉑優勝に貢献

📢 最高の応援です!!

FUKUDA Shuhei　外野手

福田 周平

強いメンタリティで定位置奪取

1

1992年8月8日(32歳) ／167cm・70kg ／A型／右投左打／7年目／大阪府／広陵高→明治大→NTT東日本→オリックス(ドラフト3巡目・18〜)

初 出 場	2018.4.8 (メットライフ)対西武3回戦	先発遊撃手
初 安 打	2018.4.24 (札幌ドーム)対日本ハム3回戦	9回遊安打(トンキン)
初本塁打	2018.9.25 (京セラドーム大阪)対ソフトバンク23回戦	8回(モイネロ)
初 打 点	2018.5.2 (京セラドーム大阪)対西武5回戦	4回(カスティーヨ)
表彰	★ゴールデン・グラブ賞＜外＞(22)	

●公式戦個人年度別成績

年度	所属球団	試合	打数	安打	本塁打	打点	盗塁	打率
2018	オリックス	113	295	78	1	15	16	.264
2019	オリックス	135	492	123	2	38	30	.250
2020	オリックス	76	260	67	0	24	13	.258
2021	オリックス	107	408	112	1	21	9	.275
2022	オリックス	118	448	120	0	24	9	.268
2023	オリックス	36	94	18	0	5	5	.191
	通算6年	585	1997	518	4	127	82	.259

●二軍公式戦個人年度別成績

年度	所属球団	試合	打数	安打	本塁打	打点	盗塁	打率
2018	オリックス	15	54	12	0	1	1	.222
2019	オリックス	5	18	4	0	1	1	.222
2020	オリックス	4	11	4	0	3	1	.364
2021	オリックス	18	56	13	0	3	3	.232
2022	オリックス	7	21	8	0	1	1	.381
2023	オリックス	45	120	26	0	7	1	.217
	通算6年	94	280	67	1	16	8	.239

Q&A
①全部②福田③どっちも④ホラガイ⑥オリックスの一員であること⑦金⑧中間⑨プロテイン、コーヒー⑩メジャーリーガー⑬サル⑯森、お寺⑲ファンが温かい⑳頑張ろう㉑日本一

📢 頑張ります

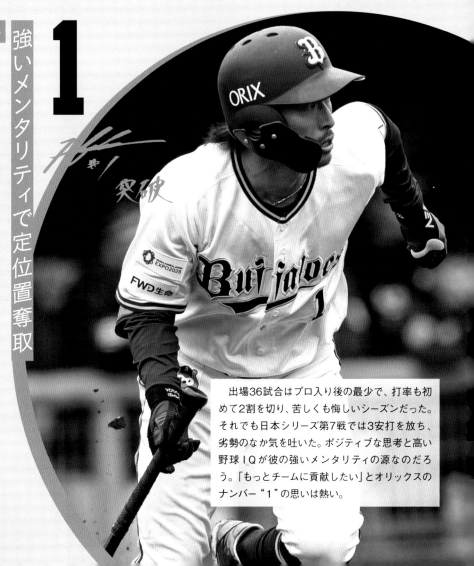

　出場36試合はプロ入り後の最少で、打率も初めて2割を切り、苦しくも悔しいシーズンだった。それでも日本シリーズ第7戦では3安打を放ち、劣勢のなか気を吐いた。ポジティブな思考と高い野球IQが彼の強いメンタリティの源なのだろう。「もっとチームに貢献したい」とオリックスのナンバー"1"の思いは熱い。

一軍へ！全力の4年目

GEN Kendai 　外野手

元 謙太

2002年5月17日(22歳)／186cm・88kg／O型／右投右打／4年目／岐阜県／中京高→オリックス(ドラフト2巡目・21〜)

初出場	2022.8.9	(京セラドーム大阪)対楽天15回戦	9回右翼手
初安打	2022.8.11	(京セラドーム大阪)対楽天17回戦	4回右安打(弓削)
初打点	2022.8.11	(京セラドーム大阪)対楽天17回戦	4回(弓削)

　一軍出場がないまま終わった2023年シーズンだったが、本人は「決して無駄な1年ではなかった」と振り返る。それもファームの実戦で感じ、学んだことが今季に活きる手応えがあるから。身体の強度を上げ、さらにはその使い方も見えてきた。内外野OKのユーティリティー性も強み。勝負の4年目。一軍を見据える。

● 公式戦個人年度別成績

年度	所属球団	試合	打数	安打	本塁打	打点	盗塁	打率
2022	オリックス	5	8	2	0	1	0	.250
通算1年		5	8	2	0	1	0	.250

● 二軍公式戦個人年度別成績

年度	所属球団	試合	打数	安打	本塁打	打点	盗塁	打率
2021	オリックス	111	334	46	4	30	2	.138
2022	オリックス	100	268	64	2	27	5	.239
2023	オリックス	89	207	48	1	18	5	.232
通算3年		300	809	158	7	75	12	.195

Q&A

❶笑顔❷げんちゃん❸犬❹リコーダー❺変顔❻血管がすごく出てる❼水色❽ボケ❾プロテイン❿野球選手⓫たきび⓬大型犬⓭肉⓱Yozora⓲クレヨンしんちゃん⓳ユニフォーム⓴一緒に頑張ろう㉑一軍のピースになる

🔊 感謝しかない

27

33

昇"龍"の勢いで駆ける年男

SUGISAWA Ryu 　外野手

杉澤 龍

2000年6月2日(24歳)／175cm・80kg／O型／右投左打／2年目／秋田県／東北高→東北福祉大→オリックス(ドラフト4巡目・23〜)

初出場	2023.9.13	(エスコンF)対日本ハム24回戦	8回代打
初安打	2023.9.14	(楽天モバイル)対楽天19回戦	5回右安打(藤平)

　ルーキーイヤーに感じた課題は打撃。アマチュア時代の強みはプロの壁に跳ね返された。ただ、プロ初安打を記録し、爪痕をしっかり刻む意地は見せた。オーストラリアのウインターリーグでも数字を残し、今季への弾みをつけることに成功。「相手の配球を読みながら、芯でボールを捉えられるように」と年男が一軍定着を狙う。

● 公式戦個人年度別成績

年度	所属球団	試合	打数	安打	本塁打	打点	盗塁	打率
2023	オリックス	2	5	1	0	0	0	.200
通算1年		2	5	1	0	0	0	.200

● 二軍公式戦個人年度別成績

年度	所属球団	試合	打数	安打	本塁打	打点	盗塁	打率
2023	オリックス	92	278	62	3	38	8	.223
通算1年		92	278	62	3	38	8	.223

Q&A

❶守備❷りゅう❸犬❹トランペット❺ゲーム❻雨男❼オレンジ❽ボケ❾スイーツ❿野球選手⓫雪の中のタイヤ引き⓬休み前にゲームをすること⓭オオカミ⓮ルー⓯スタン・ハンセン⓰甘い香り⓱『しゃぼん玉』長渕剛⓲宮城リョータ(SLAM DUNK)⓳先輩たちが優しいところ⓴頑張れ！⓴一軍

🔊 いつも応援ありがとうございます

来田 涼斗

2002年10月16日（22歳）／182cm・93kg／A型／右投左打／4年目／兵庫県／明石商高→オリックス（ドラフト3巡目・21〜）

初出場	2021.7.13	（ウインドヒルひがし）対日本ハム12回戦	先発左翼手
初安打	2021.7.13	（ウインドヒルひがし）対日本ハム12回戦	1回本塁打（池田）
初本塁打	2021.7.13	（ウインドヒルひがし）対日本ハム12回戦	1回（池田）
初打点	2021.7.13	（ウインドヒルひがし）対日本ハム12回戦	1回（池田）

● 公式戦個人年度別成績

年度	所属球団	試合	打数	安打	本塁打	打点	盗塁	打率
2021	オリックス	23	71	15	2	8	1	.211
2022	オリックス	10	23	3	0	0	0	.130
2023	オリックス	4	10	0	0	0	0	.000
通算3年		37	104	18	2	8	1	.173

■ 二軍公式戦個人年度別成績

年度	所属球団	試合	打数	安打	本塁打	打点	盗塁	打率
2021	オリックス	89	321	82	2	26	5	.255
2022	オリックス	105	378	92	7	33	5	.243
2023	オリックス	84	251	68	3	26	2	.271
通算3年		278	950	242	12	85	12	.255

Q&A

①積極的なバッティング②リョート③猫④ウクレレ⑤ゲームがうまい⑥腹がいっぱいにならない⑦エメラルドグリーン⑧ツッコミ⑨ジャスミン茶⑩野球選手⑪ホームラン後に父からアメリカンドックをプレゼントしてもらったこと⑫休み前の夜食⑬オオカミ⑭牛スジ⑮有田さん⑯甘い香り⑰ギフト⑱佐野万次郎（東京リベンジャーズ）⑲雰囲気⑳野球は楽しもう㉑1年間一軍でプレー

頑張ります!!

覚醒間近のパワーヒッター

プロ3年目は開幕スタメンを勝ち取るも、後が続かず悔しいものに。「狙った球を一発で仕留める確実性を上げたい」と課題は明らか。オフは台湾での武者修行で実戦感覚を養いながら、打撃向上に努めてきた。強いスイングで打球を遠くへ飛ばすポテンシャルの高さは誰もが認めるところ。スラッガーの覚醒に期待。

38

外野手 IKETA Ryoma

池田 陵真

2003年8月24日（21歳）／171cm・83kg／O型／右投右打／3年目／大阪府／大阪桐蔭高→オリックス（ドラフト5巡目・22〜）

初出場	2022.5.1	（京セラドーム大阪）対西武9回戦	先発右翼手
初安打	2022.5.1	（京セラドーム大阪）対西武9回戦	8回右安打（平良）
初打点	2022.5.3	（PayPayドーム）対ソフトバンク7回戦	4回（石川）

実り多きシーズンだった。ファームでは首位打者に輝き、日本シリーズではスタメン出場と、貴重な経験を積んで自らを一段高いステージに押し上げた。秋季キャンプでは中学生以来の捕手にも挑戦し、プレーの幅を広げる試みも。打席での粘り強さや対応力の高さを武器にして、次なるステップへと踏み出すシーズンに!

● 公式戦個人年度別成績

年度	所属球団	試合	打数	安打	本塁打	打点	盗塁	打率
2022	オリックス	6	20	3	0	1	0	.150
2023	オリックス	12	34	7	0	0	1	.206
通算2年		18	54	10	0	1	1	.185

■ 二軍公式戦個人年度別成績

年度	所属球団	試合	打数	安打	本塁打	打点	盗塁	打率
2022	オリックス	103	327	78	4	32	1	.239
2023	オリックス	90	282	85	5	27	2	.301
通算2年		193	609	163	9	59	3	.268

Q&A

①フルスイング②池ちゃん③猫④ピアノ⑤歯ならび⑦赤⑧ボケ⑨ラムネ⑩野球選手⑪兄との試合⑫夜のアイス⑬パンダ⑭ジャガイモ⑮NiziU⑯花の香り⑰EXPRESS⑱光月おでん（ONE PIECE）⑲雰囲気⑳筋肉つけようぜ!!㉑活躍します!

応援ものすごく力になります! 感謝

次なるステップを目指す3年目

39

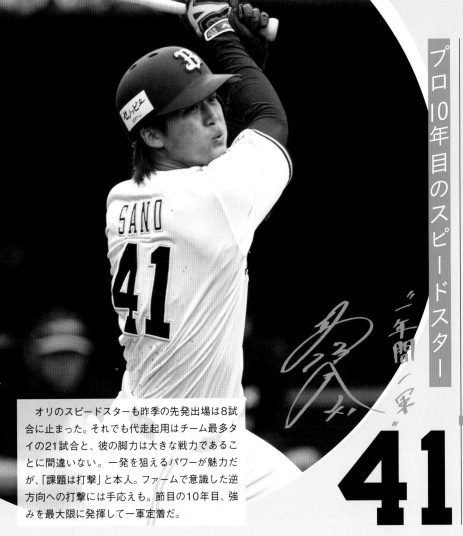

外野手

SANO Kodai

佐野 皓大

1996年9月2日（28歳）／182cm・73kg／A型／
右投右打／10年目／大分県／
大分高→オリックス（ドラフト3巡目・15～）

初出場	2018.10.5 （京セラドーム大阪）対ソフトバンク25回戦	8回代走
初安打	2019.4.2 （京セラドーム大阪）対ソフトバンク1回戦	9回右安打（川原）
初本塁打	2019.7.6 （ほっと神戸）対ソフトバンク14回戦	5回（大竹）
初打点	2019.4.27 （京セラドーム大阪）対西武4回戦	6回（野田）

● 公式戦個人年度別成績

年度	所属球団	試合	打数	安打	本塁打	打点	盗塁	打率
2018	オリックス	1	0	0	0	0	0	.000
2019	オリックス	68	121	25	1	9	12	.207
2020	オリックス	77	140	30	0	3	20	.214
2021	オリックス	67	82	12	1	2	8	.146
2022	オリックス	78	107	24	2	9	5	.224
2023	オリックス	47	36	6	1	3	5	.167
通算6年		338	486	97	5	26	50	.200

● 二軍公式戦個人年度別成績

年度	所属球団	試合	打数	安打	本塁打	打点	盗塁	打率
2015	オリックス	17	0	0	0	0	0	.000
2016	オリックス	20	0	0	0	0	0	.000
2017	オリックス	6	0	0	0	0	0	.000
2018	オリックス	72	175	32	1	4	6	.183
2019	オリックス	21	84	24	1	8	9	.286
2020	オリックス	12	50	11	1	4	2	.220
2021	オリックス	43	150	37	0	9	14	.247
2022	オリックス	9	30	4	0	0	1	.133
2023	オリックス	30	92	28	0	6	3	.304
通算9年		230	581	136	3	31	35	.234

Q&A

①ベースラン②皓大（こうだい）③犬④ドラム⑤バルーン⑥天気予報士⑦緑⑧ツッコミ⑨梅干し、レッドブル⑩野球選手⑪指を骨折して片手で試合に出た⑬キツネ⑭玉ねぎ⑮朝倉未来⑯いいと思った香り⑰マツケンサンバ⑱シャンクス（ONE PIECE）⑲みんな仲がいいところ⑳頑張るだけ㉑1年間一軍に

🔊 **応援ありがとうございます。**
これからもよろしくお願いします

プロ10年目のスピードスター

"二年間 一軍"

41

オリのスピードスターも昨季の先発出場は8試合に止まった。それでも代走起用はチーム最多タイの21試合と、彼の脚力は大きな戦力であることに間違いない。一発を狙えるパワーが魅力だが、「課題は打撃」と本人。ファームで意識した逆方向への打撃には手応えも。節目の10年目、強みを最大限に発揮して一軍定着だ。

外野手 ODA Yuya
小田 裕也

1989年11月4日（35歳）／172cm・75kg／O型／右投左打／10年目／熊本県／九州学院高→東洋大→日本生命→オリックス（ドラフト8巡目・15〜）

初出場	▶ 2015.8.5	（QVCマリン）対ロッテ15回戦	先発右翼手
初安打	▶ 2015.8.5	（QVCマリン）対ロッテ15回戦	3回右安打（イ・デウン）
初本塁打	▶ 2015.8.12	（ヤフオクドーム）対ソフトバンク18回戦	3回（中田）
初打点	▶ 2015.8.12	（ヤフオクドーム）対ソフトバンク18回戦	3回（中田）

◉公式戦個人年度別成績

年度	所属球団	試合	打数	安打	本塁打	打点	盗塁	打率
2015	オリックス	31	89	29	2	6	6	.326
2016	オリックス	78	51	7	0	3	4	.137
2017	オリックス	43	17	1	0	0	0	.059
2018	オリックス	90	143	41	2	15	10	.287
2019	オリックス	82	180	37	3	21	9	.206
2020	オリックス	87	88	21	1	7	4	.239
2021	オリックス	101	15	1	0	0	5	.067
2022	オリックス	72	24	5	1	2	8	.208
2023	オリックス	77	62	18	1	8	5	.290
通算9年		661	669	160	10	62	51	.239

◉二軍公式戦個人年度別成績

年度	所属球団	試合	打数	安打	本塁打	打点	盗塁	打率
2015	オリックス	66	138	33	0	15	4	.239
2016	オリックス	13	40	9	0	2	1	.225
2017	オリックス	56	170	38	0	19	4	.224
2018	オリックス	9	22	5	0	1	1	.227
2019	オリックス	8	22	2	0	1	1	.091
2021	オリックス	3	10	1	1	0	0	.100
2022	オリックス	4	3	1	0	1	1	.333
2023	オリックス	7	17	2	0	1	0	.118
通算8年		166	428	93	2	41	11	.217

キッチリ仕事のスーパーサブ

試合終盤でのさりげない、それでいてセンス溢れるプレーが魅力のスーパーサブ。スタメン出場11試合での打率は.351とハイアベレージ。高い集中力がなせる技といったところか。獲得したFA権も行使せずにオリックスでのプレーを選択したのもチーム愛から。オリの元祖・イケメン。今年も渋くファンを魅了する。

Q&A
①全部②ユーヤ③犬4:6猫④ベース⑤ボウリング⑦赤⑧ツッコミ⑨ブラックコーヒー⑩消防士⑪当時の仲間と一緒に野球ができたこと⑫StarbucksCoffeeのドライブスルー⑬ウルフ⑭福神漬け⑮BTS⑯ライオンハート（香水）⑰『CLASSIC』ベリーグッドマン⑱ロロノア・ゾロ（ONE PEACE）⑲チームメイト⑳とことん追求㉑日本一

📣 **いつもありがとうございます。今年もよろしく！**

外野手 T-OKADA
T-岡田

1988年2月9日（36歳）／187cm・100kg／B型／左投左打／19年目／大阪府／履正社高→オリックス（高ドラフト1巡目・06〜）

初出場	▶ 2006.8.10	（京セラドーム大阪）対西武15回戦	6回右翼手
初安打	▶ 2006.8.18	（スカイマーク）対楽天14回戦	6回左安打（山村）
初本塁打	▶ 2009.8.14	（スカイマーク）対ソフトバンク15回戦	5回（ジャマーノ）
初打点	▶ 2009.5.20	（京セラドーム大阪）対広島2回戦	8回（林）

タイトル	★本塁打王（10）
表彰	★ベストナイン＜外＞（10）、ゴールデン・グラブ賞＜−＞（14）

◉公式戦個人年度別成績

年度	所属球団	試合	打数	安打	本塁打	打点	盗塁	打率
2006	オリックス	3	6	1	0	0	0	.167
2009	オリックス	43	139	22	7	13	0	.158
2010	オリックス	129	461	131	33	96	0	.284
2011	オリックス	134	492	128	16	85	4	.260
2012	オリックス	103	378	106	10	56	4	.280
2013	オリックス	58	189	42	4	18	2	.222
2014	オリックス	130	472	127	24	75	4	.269
2015	オリックス	105	389	109	11	51	2	.280
2016	オリックス	123	454	129	20	76	5	.284
2017	オリックス	143	504	134	31	68	2	.266
2018	オリックス	97	298	67	13	43	2	.225
2019	オリックス	20	50	6	1	2	0	.120
2020	オリックス	100	328	84	16	55	5	.256
2021	オリックス	115	357	86	17	63	2	.241
2022	オリックス	36	87	13	1	10	0	.149
2023	オリックス	20	39	7	0	4	0	.179
通算16年		1359	4643	1192	204	715	32	.257

◉二軍公式戦個人年度別成績

年度	所属球団	試合	打数	安打	本塁打	打点	盗塁	打率
2006	サーパス	82	298	73	5	27	6	.245
2007	サーパス	68	236	58	4	25	2	.246
2008	サーパス	83	264	57	5	28	2	.216
2009	オリックス	65	258	76	21	59	2	.295
2011	オリックス	5	20	6	1	3	0	.300
2012	オリックス	5	17	3	1	2	0	.176
2013	オリックス	32	125	43	4	24	1	.344
2014	オリックス	8	29	7	1	4	0	.241
2015	オリックス	12	41	10	0	3	0	.244
2016	オリックス	8	29	6	2	5	0	.207
2018	オリックス	9	30	5	1	1	0	.167
2019	オリックス	34	99	21	3	13	1	.212
2021	オリックス	3	8	1	0	1	0	.125
2022	オリックス	10	28	2	1	1	0	.071
2023	オリックス	50	125	29	3	11	0	.232
通算15年		474	1607	397	53	205	14	.247

火を噴け！浪速の轟砲

Q&A
①全部②T③犬④ピアノ⑤最高の家族と最高のチームメイト、そして最高のファンの皆様⑦黄色⑧両方⑨R-1⑩野球選手⑪楽しく野球ができた⑬カバ⑭ごはん⑮藤原丈一郎（なにわ男子）⑯Diorのソヴァージュ⑰カーニバル⑱ロロノア・ゾロ（ONE PEACE）⑲みんな仲が良い⑳楽しく野球しよう！㉑チームの力になる

📣 **熱い声援ありがとうございます！今年もともに闘いましょう！**

天性の長距離砲だが、昨季は14年続いた一軍でのホームランが"ゼロ"という悔しい結果に。春季キャンプから故障に苦しみ、意のままにならない歯痒いシーズンだった。オフは「まだまだいける！」の思いを抱き、ひたすらバットを振り込んだ。球場の雰囲気を一変させる存在感は健在。浪速の轟砲の炸裂をファンは待っている！

61

進化止まない育成選手の"道標"

CHANO
Tokumasa

外野手

茶野 篤政

1999年8月4日(25歳) ／ 175cm・80kg ／ B型 ／
右投左打 ／ 2年目 ／ 滋賀県
中京学院大中京高→名古屋商科大→徳島インディゴソックス→
オリックス(育成ドラフト4巡目・23〜)

初 出 場 ▶ 2023.3.31	(ベルーナドーム)	対西武1回戦	先発右翼手
初 安 打 ▶ 2023.3.31	(ベルーナドーム)	対西武1回戦	3回三安(高橋光)
初 本 塁 打 ▶ 2023.6.1	(京セラドーム大阪)	対広島3回戦	8回(薮田)
初 打 点 ▶ 2023.4.12	(楽天モバイル)	対楽天2回戦	8回(弓削)

限界を超える

61

　1年で立場は一変した。まさに激動の1年だった。育成選手として臨んだ初めてのキャンプ、オープン戦では飛ばしに飛ばした。その結果が開幕直前に勝ち取った支配下契約。そしてつかんだ開幕スタメン。一足飛びに階段を昇り、シーズン序盤は打撃でチームを引っ張った。だが、ほどなく長いシーズンを高いレベルで戦うプロの厳しさを知ることに。「もっとやれたはず」の思いで迎えるプロ2年目。「一打席一打席必死に」は彼のプレースタイル。ポジション獲りへ全力で挑む。頑張る選手の道標に!

● 公式戦個人年度別成績

年度	所属球団	試合	打数	安打	本塁打	打点	盗塁	打率
2023	オリックス	91	312	74	1	23	7	.237
通算1年		91	312	74	1	23	7	.237

● 二軍公式戦個人年度別成績

年度	所属球団	試合	打数	安打	本塁打	打点	盗塁	打率
2023	オリックス	23	81	28	0	9	6	.346
通算1年		23	81	28	0	9	6	.346

Q&A

①全力プレー②チャーボー③犬派④ギター⑤卵焼き作り⑥世界遺産検定3級⑦白⑧ツッコミ⑨モンブラン⑩電車の運転士⑪みんなでゲーム⑫コンビニで爆買い⑬猫⑭りんご⑮佐久間宣行さん⑯ラベンダー⑰攻めていこーぜ!⑱伏黒甚爾(呪術廻戦)⑲明るいところ⑳全力プレーで頑張れ!㉑1本でも多くヒットを打つ!

📢 これからも熱い応援お願いします!

愛されキャラの選手会長

タフボーイ

SUGIMOTO
Yutaro

外野手

杉本 裕太郎

1991年4月5日（33歳）／190cm・104kg／B型／
右投右打／9年目／徳島県／
徳島商→青山学院大→JR西日本→オリックス（ドラフト10巡目・16〜）

昨季はケガに苦しんだ。3・4月で8本塁打と上々の滑り出しも、5月には左ふくらはぎを痛めて戦線離脱。CSファイナル最終戦ではシリーズMVPの代償として左足首を痛め、11月には手術を受けた。16ホーマー、41打点という数字に満足はしていない。「シーズン最初と最後の打撃は良い感じだった。今季はフルシーズン」と、フル稼働を誓う。オフは術後のリハビリと体力強化に時間を充てた。激しくなった外野の定位置争いにも「切磋琢磨しながら競いたい」と意欲を示す。今季もラオウの昇天ポーズを何度も見たい、何卒!

初 出 場 ►	2016.6.14（甲子園）対阪神1回戦		先発中堅手
初 安 打 ►	2017.9.9	（koboパーク）対楽天21回戦	1回中本打（辛島）
初本塁打 ►	2017.9.9	（koboパーク）対楽天21回戦	1回（辛島）
初 打 点 ►	2017.9.9	（koboパーク）対楽天21回戦	1回（辛島）

タイトル	★本塁打王（21）
表彰	★ベストナイン＜外＞（21）

● 公式戦個人年度別成績

年度	所属球団	試合	打数	安打	本塁打	打点	盗塁	打率
2016	オリックス	1	3	0	0	0	0	.000
2017	オリックス	9	17	2	1	2	0	.118
2018	オリックス	7	12	3	2	8	0	.250
2019	オリックス	18	51	8	4	7	1	.157
2020	オリックス	41	127	34	2	17	1	.268
2021	オリックス	134	478	144	32	83	3	.301
2022	オリックス	105	379	89	15	51	4	.235
2023	オリックス	96	339	82	16	41	0	.242
通算8年		411	1406	362	72	209	9	.257

● 二軍公式戦個人年度別成績

年度	所属球団	試合	打数	安打	本塁打	打点	盗塁	打率
2016	オリックス	48	124	28	3	11	0	.226
2017	オリックス	88	286	77	8	41	5	.269
2018	オリックス	47	109	25	3	15	1	.229
2019	オリックス	78	249	69	14	43	8	.277
2020	オリックス	33	81	30	3	12	0	.370
2021	オリックス	1	1	0	0	0	0	.000
2022	オリックス	17	52	13	0	7	0	.250
2023	オリックス	20	56	16	3	15	0	.286
通算8年		332	958	258	34	144	14	.269

Q&A

❶ふくらはぎ❷ラオウ、拳王❸犬❹カスタネット❺インスタうまい❻足が速い❼イエロー❽ボケ❾遊戯王カード❿ローソンの店員⓫チャルメラの音色が聞こえると練習を中断してみんなでラーメン⓬新幹線の固いアイス⓭ラオウ⓮ラオウ⓯ラオウ⓰ペンキ⓱宗佑磨の歌声⓲ラオウ（北斗の拳）⓳ファンの治安が良い⓴好き㉑天を握る

📢 好き

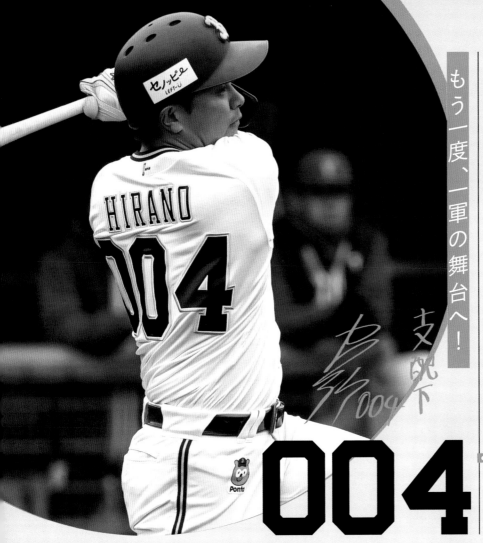

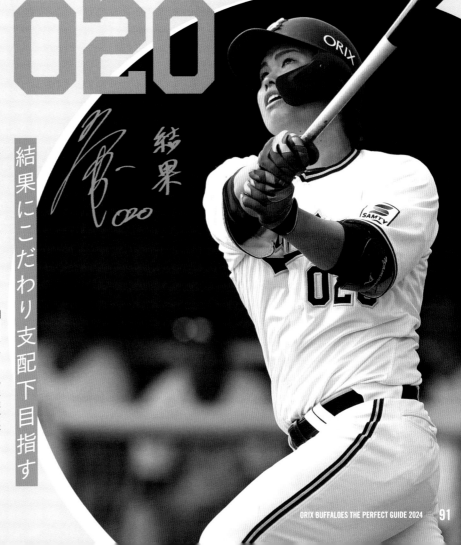

もう一度、一軍の舞台へ！

HIRANO Yamato　外野手

平野 大和

2001年8月7日(23歳)／177cm・82kg／O型／右投右打／5年目／宮崎県／日章学園高→オリックス(ドラフト育成4巡目・20〜)

初出場	▶ 2023.7.30（エスコンF）対日本ハム16回戦	9回代打

初安打	▶ 2023.7.30（エスコンF）対日本ハム16回戦	9回二安打(玉井)

　支配下を勝ち取った昨季はプロ初安打を放ち、しっかりとこの世界に足跡を残した。喜びも一転、オフに再び育成契約となる悔しさを味わうことに。筋力トレーニングで身体を強化し、再スタートの準備は整った。「もう一度一軍の舞台に戻る！」強い気持ちで、5年目のシーズンへ！ しぶとい打撃で勝負をかける！

●公式戦個人年度別成績

年度	所属球団	試合	打数	安打	本塁打	打点	盗塁	打率
2023	オリックス	4	5	1	0	0	0	.200
通算1年		4	5	1	0	0	0	.200

●二軍公式戦個人年度別成績

年度	所属球団	試合	打数	安打	本塁打	打点	盗塁	打率
2020	オリックス	8	12	1	0	0	0	.083
2021	オリックス	32	83	20	0	4	1	.241
2022	オリックス	51	104	24	4	11	1	.231
2023	オリックス	43	90	22	0	6	0	.244
通算4年		134	289	67	4	21	2	.232

Q&A

①フルスイング②やまと③犬④ドラム⑤ボーッとする⑥晴男⑦黄色⑧ボケ⑨甘いもの⑩野球選手⑪大会でホームランを打った⑫甘いものを食べる⑬犬⑭ジャガイモ⑮長渕剛⑯エルメスの香水⑰長渕剛の曲⑱佐野万次郎（東京リベンジャーズ）⑲おもしろい⑳頑張ろう㉑いっぱい打つ

📣 いつも応援ありがとうございます

004

020

YAMANAKA Takayuki　外野手

山中 堯之

1999年3月10日(25歳)／183cm・98kg／A型／右投右打／3年目／茨城県／つくば秀英高→共栄大→茨城アストロプラネッツ→オリックス(育成ドラフト1巡目・22〜)

　ファームでのホームラン数がルーキーイヤーの1本から6本へ増え、レベルアップを実感。ただ、「支配下へのアピールには圧倒的な数字が必要」と、本人は現状に満足していない。「とにかく結果にこだわりたい。とことん打撃を伸ばして、チャンスで打てる打者に」。次なるステップに向けて、しっかり足場を固めたい。

結果にこだわり支配下目指す

●二軍公式戦個人年度別成績

年度	所属球団	試合	打数	安打	本塁打	打点	盗塁	打率
2022	オリックス	35	77	15	1	4	0	.195
2023	オリックス	63	165	36	6	18	1	.218
通算2年		98	242	51	7	22	1	.211

Q&A

①胸筋の厚さ②やま③犬④ギター⑤くもりの日に本気で雨を降らせることができる⑥緑⑦ツッコミ⑧アメリカンドック⑨医者⑩誰にもばれずにベンチの裏にトマトの苗を植えて、トマトが大きくなるまで育てた⑬クマ⑭ジャガイモ⑮アーロン・ジャッジ⑯重めの少し甘い香り⑰オー・シャンゼリゼ⑱みんな優しい⑲早寝早起き、朝ごはん多め⑳支配下

📣 差し入れや声をかけていただきありがとうございます

00

Anderson ESPINOZA 投手
アンダーソン・エスピノーザ

1998年3月9日（26歳）／183cm・86kg／右投右打／1年目／
ベネズエラ／レッドソックス（14ドラフト外・15〜16途）→パドレス（16
途〜21途）→カブス（21途〜22）→パドレス（23）→オリックス（24〜）

Vamos por Todo.

#00

成長途中の有望株

メジャーでの登板はシカゴ・カブス時代の7試
合のみだが、26歳という年齢を考えればまだま
だ成長途上と見るべきだろう。昨季は、パドレス
傘下の3A（エルパソ）で28試合に登板（全て先
発）し、8勝9敗、防御率6.15の成績だった。標高
1140メートルのボールが飛びやすく、バッター
に極めて有利な球場をホームとするチームであ
ったことを考慮すれば、これらの数字はもう少し
上方修正されてもおかしくない。マイナー通算
の奪三振数が投球イニング数を上回る点も評価
に値する。日本でのさらなる成長に期待したい。

Q&A

❶精神力❷Espy（エスピー）❸犬派❹ドラム❺サルサダ
ンス❻歌を歌えること❼ラッキーカラーは白、テーマカラーは
黄色、好きな色は黒❽ボケ❾アレパ（パン）❿メジャーリー
ガー⓫初めて優勝した直後のパーティー⓬父がくれたグロー
ブ⓭馬⓮牛肉⓯テゴ・カルデロン（プエルトリコの歌手）
⓰Santa133⓱La Salsa⓲キャプテン翼⓳ホームスタジア
ム⓴夢をあきらめないで㉑チームで優勝を勝ち取ること

📣 私にとって最高のファンだと思っていま
す。日本でプレーできること、日本の文化
を学べること、嬉しく思っています。ファン
の皆さんもともに優勝を勝ち取りましょう

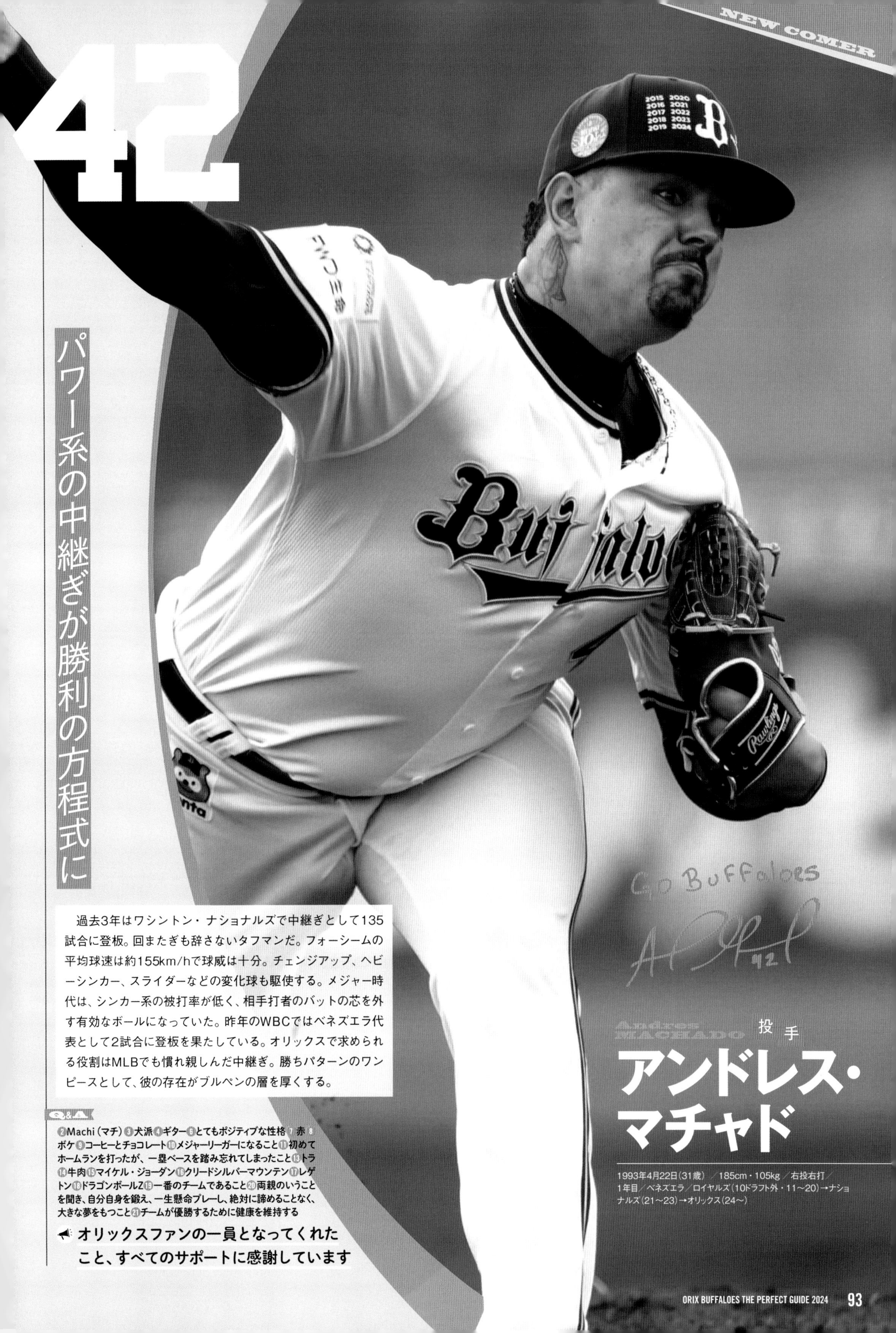

42

パワー系の中継ぎが勝利の方程式に

過去3年はワシントン・ナショナルズで中継ぎとして135試合に登板。回またぎも辞さないタフマンだ。フォーシームの平均球速は約155km/hで球威は十分。チェンジアップ、ヘビーシンカー、スライダーなどの変化球も駆使する。メジャー時代は、シンカー系の被打率が低く、相手打者のバットの芯を外す有効なボールになっていた。昨年のWBCではベネズエラ代表として2試合に登板を果たしている。オリックスで求められる役割はMLBでも慣れ親しんだ中継ぎ。勝ちパターンのワンピースとして、彼の存在がブルペンの層を厚くする。

Q&A

❷Machi（マチ）❸犬派❹ギター❻とてもポジティブな性格❼赤❽ボケ❾コーヒーとチョコレート❿メジャーリーガーになること⓫初めてホームランを打ったが、一塁ベースを踏み忘れてしまったこと⓭トラ⓮牛肉⓯マイケル・ジョーダン⓰クリードシルバーマウンテン⓱レゲトン⓲ドラゴンボールZ⓳一番のチームであること⓴両親のいうことを聞き、自分自身を鍛え、一生懸命プレーし、絶対に諦めることなく、大きな夢をもつこと㉑チームが優勝するために健康を維持する

📢 オリックスファンの一員となってくれたこと、すべてのサポートに感謝しています

Andres
MACHADO
投手

アンドレス・マチャド

1993年4月22日（31歳）／185cm・105kg／右投右打／1年目／ベネズエラ／ロイヤルズ（10ドラフト外・11〜20）→ナショナルズ（21〜23）→オリックス（24〜）

54

先発ローテの一角に

昨季は千葉ロッテでプレー。オリックス戦では3試合（2先発）に登板し、防御率は1.72とイヤな相手だった。スリークォーターからの球種はストレートとスライダーを中心にスプリットやカッター、ツーシームなど多彩。特筆すべきは制球力で、昨季の9イニングあたりの与四球はわずか0.55個だった。メジャー経験は2022年のデトロイト・タイガースでの3試合だけで、キャリアの大部分がマイナー生活という苦労人でもあり、誰よりも本人が日本での成功を望んでいるはず。先発ローテの一角へ! 周囲の期待は大きい。

Luis CASTILLO　投 手

ルイス・カスティーヨ

1995年3月10日（29歳）／190cm・96kg／右投右打／2年目／ドミニカ共和国／リセオ・パドレ・ファンティノ高→ダイヤモンドバックス（12ドラフト外・13〜21）→タイガース（22）→ロッテ（23）→オリックス（24〜）

初 登 板 ▶ 2023.3.31 （PayPay）対ソフトバンク1回戦　7回より救援（1回）

初 勝 利 ▶ 2023.6.8 （ZOZO）対ヤクルト3回戦　先発（6回0/3）

● 公式戦個人年度別成績

年度	所属球団	登板	勝利	敗戦	セーブ	投球回数	自責点	防御率
2023	ロッテ	12	3	3	0	49	17	3.12
通算1年		12	3	3	0	49	17	3.12

● 二軍公式戦個人年度別成績

年度	所属球団	登板	勝利	敗戦	セーブ	投球回数	自責点	防御率
2023	ロッテ	9	1	2	0	40	11	2.48
通算1年		9	1	2	0	40	11	2.48

Q&A

❶ストレート系のボールに自信がある❷カスティーヨ❸犬❺パソコンゲーム❼黒❽どちらでもない❾バナナ、オレンジジュース❿野球選手⓬ゲームをすること!⓰チョコの香り⓱Anthony Santosの曲全般⓲はたけカカシ（NARUTO-ナルト-）⓳投手野手ともにレベルの高い選手が多いところ⓴Vamos !㉑途中で降板せず、しっかり長いイニングを投げ切ること

◀ チームの勝利に貢献します!

45

日本でブレイク狙う左の強打者

福良GMが「クリーンアップも任せられる」と、期待を寄せる
左のパワーヒッター。オークランド・アスレチックスでプレー
したのは2年間で、出場試合も29試合とメジャーでのキャリ
アはまだまだ浅い。それでも昨季はAAA級のラスベガスで、打
率.301、23ホーマー、109打点をマークし、開幕戦ではサイク
ル安打も記録した。所属したパシフィックコーストリーグが
打者有利の"ヒッターズヘブン"であることは考慮に入れるべ
きだが、可能性を秘めた打者であることは間違いない。日本
での本格ブレイクに期待だ。

Q&A

①態度 ②CT ③犬派 ④ドラム ⑤片方の眉毛だけ上げることができ
る ⑥皿洗いがうまい ⑦赤 ⑧ポケ ⑨ドーナツ ⑩野球選手 ⑪父に野
球を教わったこと ⑫スニーカー集め ⑬キリン ⑭塩 ⑮ウィル・フェレ
ル ⑯マホガニーチークウッド ⑰テイラー・スウィフトの曲 ⑱ピカチュウ
(ポケットモンスター) ⑲これまでのチームの歴史 ⑳自分を信じる、
謙虚でいる、そして楽しもう ㉑日本一

🔊 みんなにバファローズファンでいることを誇りに思
ってもらえるように頑張ります。応援ありがとう

Cody
THOMAS　外野手

コーディ・トーマス

1994年10月8日(30歳) ／ 193cm・96kg ／ 右投左打 ／ 1年目 ／
アメリカ合衆国　ドジャース(16ドラフト13巡目・17～21途)→アスレ
チックス(21途～23)→オリックス(24～)

YOSHIDA
Kosei
投 手

吉田 輝星

2001年1月12日（23歳） 176cm・83kg AB型
右投右打 6年目 秋田県／金足農高→北海道日本ハム
（ドラフト1巡目・19〜23）→オリックス（24〜）

初 登 板 ▶ 2019.6.12（札幌D）対広島2回戦	先発（5回）
初 勝 利 ▶ 2019.6.12（札幌D）対広島2回戦	先発（5回）

今度はオリで旋風を！

高校3年の夏、秋田大会から甲子園での準決勝まで10試合連続完投勝利、甲子園では大会記録タイとなる4試合連続2桁奪三振をマークして、"金農旋風"を巻き起こした。プロ入り4年目の一昨年は中継ぎメインの51試合に登板し大きくブレイクするも、昨季はコンディション不良もあって一軍登板は3試合にとどまった。そんな中でのトレード。強力なオリックス投手陣の中に身を置くことで、新たな何かが見えてくるはず。同郷の中嶋聡監督の存在も大きな支えに。かつての甲子園のスター、ドラフト1位右腕が新天地で思い切り腕を振る！

● 公式戦個人年度別成績

年度	所属球団	登板	勝利	敗戦	セーブ	投球回数	自責点	防御率
2019	日本ハム	4	1	3	0	11	15	12.27
2020	日本ハム	5	0	2	0	20 1/3	19	8.41
2021	日本ハム	1	0	1	0	2	2	9.00
2022	日本ハム	51	2	3	0	63 1/3	30	4.26
2023	日本ハム	3	0	0	0	3	3	9.00
	通算5年	64	3	9	0	99 2/3	69	6.23

● 二軍公式戦個人年度別成績

年度	所属球団	登板	勝利	敗戦	セーブ	投球回数	自責点	防御率
2019	日本ハム	18	2	6	0	62	30	4.35
2020	日本ハム	12	3	3	0	59 2/3	17	2.56
2021	日本ハム	19	6	8	1	85	42	4.45
2023	日本ハム	40	2	5	4	60	32	4.80
	通算4年	89	13	22	5	266 2/3	121	4.08

Q&A

①気合い②ヨッシー③犬④ピアノ⑤雪道ですべらない！⑥地毛の髪色が少し茶色い⑦赤、金、紫⑧両方⑨肉まんとホットドック⑩プロ野球選手⑪初めてホームランを打ったとき⑫寿司⑬サル⑭ライス⑮千鳥、TWICE⑯甘すぎない爽やかな香り⑰『バンバンバン』BIG BANG⑱桜木花道（SLAM DUNK）⑲雰囲気が良さそうなところ⑳練習は嘘をつかない！㉑1年間一軍で優勝に貢献

📢 2024年からお世話になります！
よろしくお願いします！

7 地元凱旋でタイトル奪取だ！

NISHIKAWA Ryoma　外野手

西川 龍馬

"志高く"

セ界の好打者がFA権を行使して"里帰り"を果たした。広島在籍8年間の通算打率は.299。これまで、天才的なバットコントロールでヒットを積み重ねてきた。与えられた背番号は「7」。敦賀気比高の1学年上にいた吉田正尚（レッドソックス）がオリックスでのラストシーズンに背負った番号だ。「重いですね」と、西川は笑うが同時に新天地での活躍を誓うモチベーションは高まった。今季のターゲットは最多安打のタイトル。赤から濃紺へとユニフォームの色は変わるがプレースタイルは不変。大きな戦力が加わった。

1994年12月10日（30歳）／176cm・83kg／O型／右投左打／9年目／大阪府／敦賀気比高→王子→広島（ドラフト5巡目・16〜23）→オリックス（24〜）

| 初 出 場 ▶ 2016.3.26（マツダ）対DeNA2回戦　8回三塁手 |
| 初 安 打 ▶ 2016.3.27（マツダ）対DeNA3回戦　8回右中三（小杉） |
| 初本塁打 ▶ 2017.4.30（横浜）対DeNA6回戦　8回（三上） |
| 初 打 点 ▶ 2016.4.5（マツダ）対ヤクルト1回戦　8回（久古） |
| 表彰　★ベストナイン＜外＞（23） |

● 公式戦個人年度別成績

年度	所属球団	試合	打数	安打	本塁打	打点	盗塁	打率
2016	広島	62	51	15	0	3	0	.294
2017	広島	95	204	56	5	27	4	.275
2018	広島	107	327	101	6	46	5	.309
2019	広島	138	535	159	16	64	6	.297
2020	広島	76	296	90	6	32	6	.304
2021	広島	137	504	144	12	60	3	.286
2022	広島	97	390	123	10	53	2	.315
2023	広島	109	416	127	9	56	7	.305
通算8年		821	2723	815	64	341	33	.299

● 二軍公式戦個人年度別成績

年度	所属球団	試合	打数	安打	本塁打	打点	盗塁	打率
2016	広島	12	42	13	0	9	2	.310
2017	広島	6	23	4	0	2	0	.174
2018	広島	11	42	12	0	6	2	.286
2020	広島	3	7	1	0	0	0	.143
2022	広島	4	9	3	0	0	0	.333
2023	広島	2	6	2	0	1	0	.333
通算6年		38	129	35	0	17	4	.271

Q&A

❶バッティング❷りょうま❸犬派❹ピアノ❺すぐ人を見つける（知り合い）❻すぐ人を見つける（知り合い）❼黄緑、ピンク❽ツッコミ❾水、スパイシーチキン❿宇宙飛行士⓫毎日父親からの厳しい指導⓬風呂に入りながらジュースとおやつを食べる⓭犬⓮牛肉⓯ジェイソン・ステイサム⓰イヴ・サンローランの香水⓱『ずっと』DOBERMAN INFINITY⓲桜木花道（SLAM DUNK）⓳ユニフォームがかっこいい⓴練習あるのみ！㉑最多安打

☜ 今年からよろしくお願いします

SUZUKI Hiroshi　投手

鈴木 博志

ドラ一右腕が新天地で勝負

1997年3月22日（27歳）／182cm・95kg／A型／
右投右打／7年目／静岡県
磐田東高→ヤマハ→中日（ドラフト1巡目・18〜23）→オリックス（24〜）

初登板	▶ 2018.4.1	（マツダ）対広島3回戦	8回より救援（1回）
初勝利	▶ 2018.4.21	（ナゴヤD）対広島5回戦	8回より救援（1回1/3）
初セーブ	▶ 2018.7.7	（ナゴヤD）対ヤクルト12回戦	

●公式戦個人年度別成績

年度	所属球団	登板	勝利	敗戦	セーブ	投球回数	自責点	防御率
2018	中日	53	4	6	4	49	24	4.41
2019	中日	25	0	2	14	25	12	4.32
2020	中日	6	0	0	0	7 2/3	11	12.91
2021	中日	18	2	0	0	20 1/3	12	5.31
2022	中日	3	0	1	0	13	6	4.15
2023	中日	9	1	2	0	24 1/3	11	4.07
	通算6年	114	7	11	18	139 1/3	76	4.91

●二軍公式戦個人年度別成績

年度	所属球団	登板	勝利	敗戦	セーブ	投球回数	自責点	防御率
2018	中日	10	1	1	1	9 1/3	2	1.93
2019	中日	23	1	1	1	24 1/3	12	4.44
2020	中日	16	2	1	1	15	8	4.80
2021	中日	26	0	0	0	20 2/3	6	2.61
2022	中日	18	4	6	0	99 1/3	43	3.90
2023	中日	15	3	5	0	66 1/3	27	3.66
	通算6年	108	11	14	3	235	98	3.75

現役ドラフトで中日から移籍のドラ1右腕。投手としてのポテンシャルは高く、球威は一級品。福良GMも「ルーキーイヤーの強い球」と原点回帰を求める。「不安よりも楽しみの方が大きい。先発でもリリーフでも」と、本人は新天地での再出発をプラスにと捉える。心機一転、力で相手打者をねじ伏せる。

Q&A
❶テンポの良い投球❷ヒロシ❸犬派❹ギター❺絵❻握力が強い❼緑❽ボケ❾おにぎり❿サッカー選手⓫チームでのBBQ⓬家でステーキを食べること⓭タヌキ⓮ジャガイモ⓯長瀬智也⓰山の香り⓱『愛の世代の前に』浜田省吾⓲空条承太郎（ジョジョの奇妙な冒険）⓳ユニフォームがかっこいいところ⓴継続は力なり㉑一軍完走

◀ 応援よろしくお願いします

IGUCHI Kazutomo　投手

井口 和朋

育成からの再スタート

1994年1月7日（30歳）／175cm・75kg／O型／右投右打／9年目／
神奈川県／武相高→東京農大北海道オホーツク→北海道日本ハム
（ドラフト3巡目・16〜23）→オリックス（24〜）

初登板	▶ 2016.3.30	（札幌D）対オリックス2回戦	5回より救援（2回1/3）
初勝利	▶ 2018.7.22	（札幌D）対ソフトバンク16回戦	8回より救援（1/3回）
初セーブ	▶ 2018.6.22	（楽天生命）対楽天9回戦	

●公式戦個人年度別成績

年度	所属球団	登板	勝利	敗戦	セーブ	投球回数	自責点	防御率
2016	日本ハム	37	0	1	0	42	18	3.86
2017	日本ハム	17	0	1	0	22 2/3	13	5.16
2018	日本ハム	31	1	1	1	32 2/3	9	2.48
2019	日本ハム	32	1	0	1	32	9	2.53
2020	日本ハム	29	1	0	0	26 1/3	12	4.10
2021	日本ハム	43	1	2	0	38 2/3	8	1.86
2022	日本ハム	23	2	0	1	24 1/3	14	5.18
2023	日本ハム	5	0	0	0	5	3	5.40
	通算8年	217	6	5	3	223 2/3	86	3.46

●二軍公式戦個人年度別成績

年度	所属球団	登板	勝利	敗戦	セーブ	投球回数	自責点	防御率
2016	日本ハム	10	1	0	0	13 1/3	6	4.05
2017	日本ハム	15	2	5	0	55 1/3	20	3.25
2018	日本ハム	19	0	2	1	24 1/3	11	4.07
2019	日本ハム	25	1	2	4	32	13	3.66
2020	日本ハム	9	1	0	0	9 1/3	1	0.96
2021	日本ハム	8	4	1	0	10 2/3	4	3.38
2022	日本ハム	20	0	2	4	22	8	3.27
2023	日本ハム	38	4	3	2	41 1/3	19	4.14
	通算8年	144	13	15	13	208 1/3	82	3.54

Q&A
❶何の球種を投げているか分からないところ❷いぐ❸犬❹ドラム❺耳がやわらかい❻手首がやわらかい❼オレンジ❽ツッコミ❾おにぎり❿野球選手⓫友達と変化球の練習⓬ウーバーイーツ⓭もぐら⓮ナス⓯千鳥⓰ムスク⓱ヒップホップ系⓲マーシャル・D・ティーチ（ONE PIECE）⓳強いところ⓴野球を楽しんで下さい㉑支配下・一軍で求められる結果を出す

◀ チームに貢献できるよう頑張ります

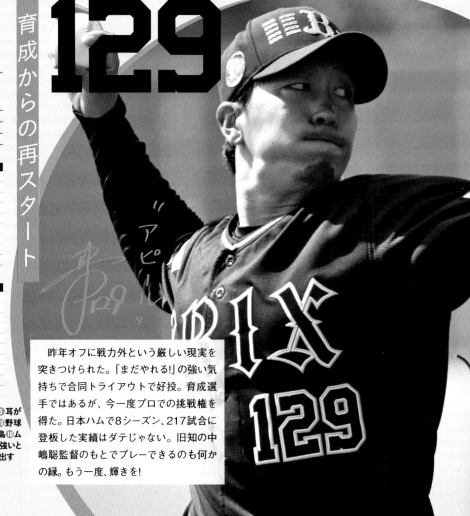

129

昨年オフに戦力外という厳しい現実を突きつけられた。「まだやれる!」の強い気持ちで合同トライアウトで好投。育成選手ではあるが、今一度プロでの挑戦権を得た。日本ハムで8シーズン、217試合に登板した実績はダテじゃない。旧知の中嶋聡監督のもとでプレーできるのも何かの縁。もう一度、輝きを!

準地元・大阪で心機一転

内野手
KATSUKI
Kazuya

香月 一也

1996年4月16日(28歳)／176cm・83kg／A型／
右投左打／10年目／福岡県／大阪桐蔭高→ロッテ(ドラフト5巡目・15～20途)→巨人(20途～23)→オリックス(24～)

初 出 場	▶2016.9.26（QVC）対ソフトバンク23回戦	先発三塁手
初 安 打	▶2016.9.26（QVC）対ソフトバンク23回戦	3回左安(摂津)
初本塁打	▶2019.7.3（京セラD）対オリックス11回戦	3回(吉田一)
初 打 点	▶2017.4.23（ZOZO）対オリックス5回戦	7回(山岡)

● 公式戦個人年度別成績

年度	所属球団	試合	打数	安打	本塁打	打点	盗塁	打率
2016	ロッテ	2	6	1	0	0	0	.167
2017	ロッテ	19	41	8	0	2	0	.195
2019	ロッテ	26	33	5	1	3	0	.152
2020	巨人	8	9	0	0	0	0	.000
2021	巨人	39	59	12	3	6	0	.203
2022	巨人	15	35	7	0	2	0	.200
通算6年		109	183	33	4	13	0	.180

■ 二軍公式戦個人年度別成績

年度	所属球団	試合	打数	安打	本塁打	打点	盗塁	打率
2015	ロッテ	93	299	68	3	22	2	.227
2016	ロッテ	112	409	115	6	52	5	.281
2017	ロッテ	93	317	79	9	41	0	.249
2018	ロッテ	65	248	64	12	42	2	.258
2019	ロッテ	81	290	75	8	44	0	.259
2020	ロッテ	43	126	36	5	27	0	.286
2020	巨人	20	75	30	6	21	0	.400
2021	巨人	51	178	49	5	25	1	.275
2022	巨人	95	286	64	3	35	0	.224
2023	巨人	106	312	82	8	46	0	.263
通算9年		759	2540	662	65	355	10	.261

イースタン106試合で打率.263、8本塁打、46打点と昨季はまずまずの数字を残したが、一軍出場はなし。もともとパンチ力に定評があり、期待されたが結果を残すことはできなかった。大阪桐蔭高時代、3年間過ごした大阪はいわば"準地元"。プロ10年目の再起へ。打撃で猛アピールだ。

126

Q&A

①笑顔②かっちゃん③犬④木琴⑤優しさ⑥晴れ男⑦ピンク⑧ボケ、ツッコミ⑨コーヒー⑩プロ野球選手⑪昼飯⑫寝る前のデザート⑬犬⑭ニンジン⑮永野芽郁ちゃん⑯俺のお気に入りの香水⑰いっぱいある⑱みんな優しい⑲練習！⑳支配下、そして一軍！

📣 いつもありがとう

外野手
KINOSHITA
Motohide

木下 元秀

2001年7月25日(23歳)／183cm・96kg／O型／
左投左打／5年目／大阪府／
敦賀気比高→広島(育成ドラフト2巡目・20～23)→オリックス(24～)

敦賀気比高出身の外野手が、またオリックスに加わった。広島でのルーキーイヤーは育成ながら、ウエスタンでチーム2位の7ホーマーを放つなど、長打力を発揮した。結局広島では支配下登録に至らずも、まだまだ5年目。新たな環境で開花を目指す。大阪・堺市の出まれ。地元に戻って、新たな気持ちでチャレンジだ。

■ 二軍公式戦個人年度別成績

年度	所属球団	試合	打数	安打	本塁打	打点	盗塁	打率
2020	広島	60	189	34	7	26	0	.180
2021	広島	89	278	67	2	22	2	.241
2022	広島	79	225	56	3	32	1	.249
2023	広島	69	129	27	0	14	0	.209
通算4年		297	821	184	12	94	3	.224

Q&A

①野球をしてる姿②もとひで、もと③犬④リコーダー⑤毎日水を2L飲める⑥どこでも寝られる⑦ピンク、黒⑧両方⑨サンドイッチ⑩野球選手⑪1打席も立たずに交代させられたこと⑫オフの日のお風呂上がりの焼肉⑬ゴリラ⑭米⑮広瀬すず⑯せっけんの香り⑰大空と大地の中で⑱ロロノア・ゾロ（ONE PIECE）⑲みんないい人すぎる⑳とにかく頑張れ㉑支配下

📣 ミスしても責めないでください!!
これからよろしくお願いします

里帰りでのリスタート

123

強肩強打のトッププロスペクト

YOKOYAMA
Seiya

内野手

横山 聖哉

2005年10月28日(19歳)／181cm・86kg／右投左打／1年目／
長野県／上田西高→オリックス(ドラフト1巡目・24〜)

　走攻守、三拍子すべて高いレベルを有する有望株。昨秋のドラフト会議では唯一の高卒ドラ1野手だ。高校3年の夏、長野大会決勝ではマウンドに立ち、最速149km/hを叩き出し投手としての可能性も示したが、プロでは内野手一本で勝負。憧れの吉田正尚(レッドソックス)の背番号「34」を継承し、期待の大きさがうかがえる。「自信があるのは肩の強さと長打力」と、本人が言うようにスケールの大きな内野手だ。「中心選手になって、チームを引っ張りたい」と抱負を口にした。将来のコアメンバーに!

Q&A

①肩、元気②よこ③猫派④ピアノ⑦赤⑨からあげ棒⑩野球選手⑫お風呂でYouTubeを見ること⑬サル⑭玉ねぎ⑮ソフランのフレッシュグリーンアロマ⑰さすらい⑱モンキー・D・ルフィ(ONE PIECE)⑲ファンの方々が熱いところ⑳一緒に頑張りましょう㉑一軍で多く試合に出て結果を残す!

🔊 これから頑張ります。応援お願いします

将来性豊かな右の本格派

自覚と責任

投手

KAWACHI Kosuke

河内 康介

2005年4月16日（19歳）／180cm・72kg／O型／
右投右打／1年目／大阪府／
聖カタリナ学園高→オリックス（ドラフト2巡目・24〜）

　柔らかなひじの使い方が特長の本格派。高校時代は愛媛で過ごしたが、出身は大阪で少年時代は京セラドームに足しげく通っていただけに、オリックス入団には縁を感じたという。150km/hを超えるストレートにスライダーのコンビネーションが投球の軸。近い将来、エース格への成長が望まれる有望株だ。

Q&A

❶ストレート❷こうすけ、こうちゃん、すけ❸犬派❹ギター❺バレーボール❻ちょっとだけ耳が動く❼赤❽ポケ❾クレープ❿野球選手⓫4打席連続ホームラン⓬風呂上がりのクレープ⓮ニンジン⓱back number⓲野原しんのすけ（クレヨンしんちゃん）⓳仲がいいところ⓴目標はブレずに野球をやってほしい㉑一軍登板

◀ オリックス・バファローズの選手として
　頑張りたいと思います。
　チームに貢献できるように頑張ります

63

TOUMATSU Kaisei　投手

「サイ・ヤング」目指すサウスポー

真向勝負八

東松 快征

2005年4月29日（19歳）／179cm・89kg／O型／
左投左打／1年目／愛知県／
享栄高→オリックス（ドラフト3巡目・24〜）

　どっしりとした身体から繰り出される重いストレートの球速は150km/h超え。「まっすぐを見て欲しい」と、自信を見せる。山下舜平大の投球に憧れを抱き、目標とする先輩の背中を追いかける。人懐っこい明るい性格もプロ向きといえる。将来の夢はMLBでの"サイ・ヤング賞"。楽しみなサウスポーだ。

Q&A

❶笑顔、誰にも負けないストレート❷かいちゃん❸犬派❹ウクレレ❺嗅覚❻ピンク❼どっちもいけます!!❽グミ、ぷっちょ❾メジャーリーガー⓫練習後にお父さんと一緒にお風呂に入ること⓭シロクマ⓮牛肉⓯大谷翔平選手⓱『アゲイン』WANIMA⓲モンキー・D・ルフィ（ONE PIECE）⓳全員が優しそうなところ⓴夢は願ってそれに似合った努力をすればかなう㉑高卒最速一軍デビュー

◀ これからオリックスの一員に
　なることをとても楽しみに思います。
　ファンの皆さんを笑顔にできるように
　頑張っていきます

48

将来性豊かな強肩捕手

HORI Shuna 捕手

堀 柊那

2005年7月16日(19歳)／179cm・82kg／B型／
右投右打／1年目／兵庫県／
報徳学園高→オリックス(ドラフト4巡目・24〜)

　軽やかなフットワークと強肩が魅力のキャッチャー。高校時代はキャプテンを務め、そのキャプテンシーにも注目だ。捕球から送球のポップアップタイムは高校生レベルではトップクラス。守備面がクローズアップされがちだが、打撃面でも、「森(友哉)さんのようなスイングを」とレベルアップを誓う。将来の正捕手候補だ。

Q&A
❶2塁送球❸犬派❹ギター❺バレーボール❼ピンク❾ファミチキ❿野球選手⓫お風呂でYouTubeを見る⓭サル⓮ジャガイモ⓰モンキー・D・ルフィ(ONE PIECE)⓱ファンの方々が熱いところ⓴一緒に頑張りましょう㉑一軍の試合に早く出られるようになって結果を出す

🔊 これからよろしくお願いします。
　　応援お願いします

"志ある為事っに成る"

即戦力期待の右腕はオリメン候補

TAKASHIMA Taito 投手

髙島 泰都

1999年12月3日(25歳)／181cm・80kg／B型／
右投右打／1年目／北海道／
滝川西高→明治大→王子→オリックス(ドラフト5巡目・24〜)

　高校時代は甲子園に出場し、大学進学後は準硬式野球で通算23勝をマーク、社会人野球で再び硬式ボールを握った。王子では先発、中継ぎ、抑えと、オールラウンダーとして活躍し、チームを都市対抗ベスト4へと導いた。150km/hのストレートを軸に投球を組み立てる。甘いマスクはオリメン候補。即戦力の期待に応えたい。

Q&A
❶八重歯❷泰都、てぃーと❸犬❹ピアノ❺八重歯を1本だけ出せる❻投げる日は涼しいことが多い気がする❼紫、緑❽ツッコミ❾白いたい焼き❿野球選手⓫帰り道のおかし⓬Starbucks Coffeeでドライブスルー⓭犬⓮ジャガイモ⓯ダルビッシュ有さん、東村芽依さん⓰金木犀⓱ランウェイ・ビート⓲白州健二郎(ダイヤのA)⓳明るい、優しそう⓴やればやるだけ伸びる!㉑一軍デビュー、初勝利

🔊 推してください!

速球とタテの変化球で勝負

"新人王"

97

投手

KOTAJIMA Seiryu

古田島 成龍

1999年6月29日(25歳)／175cm・85kg／B型／
右投右打／1年目／茨城県／
取手松陽高→中央学院大→日本通運→オリックス(ドラフト6巡目・24〜)

　最速152km/hのストレートに鋭く落ちるチェンジアップが大きな武器の即戦力右腕。強い気持ちを前面に押し出す投球スタイルもプロ向きだ。大学、社会人時代はともに全国大会を経験、大舞台に立ってきた。周囲からは"杉本裕太郎似"と言われることも。人気面でも、本家に早く追いつきたい。1年目から勝負を挑む。

97

Q&A

❶目❷ドラ❸犬❹ドラム❺ウクレレ❻2分息を止められる❼赤❽ボケ❾梅❿日本一の男⓫ホームランを打ったこと⓬高いウイスキーを飲むこと⓭サル⓮ジャガイモ⓯怪物くん⓰へそ⓱笑点の曲⓲茂野吾郎(MAJOR)⓳ユニフォームがっこいい⓴楽しんでやってください㉑日本一

📢 **応援よろしくお願い致します**

まっすぐ勝負で1年目から戦力に

98

"一日一歩"

投手

GONDA Ryusei

権田 琉成

2000年1月28日(24歳)／180cm・88kg／O型／
右投右打／1年目／長野県／
上田西高→明星大→TDK→オリックス(ドラフト7巡目・24〜)

　大学4年時に大きく伸びた"遅咲き"だが、社会人1年目から都市対抗、日本選手権で好投。その年のU-23ワールドカップでは守護神として9戦中7試合に登板、見事MVPに輝いた。ドラ1入団の横山聖哉は高校の後輩で、TDK出身で言えば先輩の小木田敦也とは同門になる。伸びのあるストレートで即戦力に!

Q&A

❶左えくぼ❷ごん❸犬❹ピアノ❺すぐ寝られる❻つめをきれいに切れる❼紫❽両方❾水❿野球選手⓫監督にバットを投げた⓬甘いもの、ラーメン⓭きつね⓮ルー⓯TWICEのミナ⓰おちつく香り⓱AAA⓲モンキー・D・ルフィ(ONE PIECE)⓳ユニフォームがっこいい⓴練習頑張ってください㉑1年間ケガしない

📢 **これから温かいご声援よろしくお願いします**

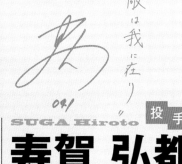

"敵"は我に在り"

SUGA Hiroto　投　手

寿賀 弘都

2005年6月16日（19歳）／180cm・80kg／A型／
左投左打／1年目／香川県／
英明高→オリックス（育成ドラフト1巡目・24〜）

可能性を秘めた速球派左腕

　気迫を前面に押し出して投げこむストレートは威力十分で、キレ味鋭いスライダーにも可能性が感じられる。高校時代は投打の二刀流でチームを春夏連続で甲子園に導いた。1学年上の浅野翔吾（巨人）とは、中学時代はバッテリーを組んでいた仲。楽しみな左腕が、まずは支配下を目指す。

Q&A

①気持ちを前面に出した投球②がーすー③犬派④ピアノ⑤バドミントン⑥暑がり⑦オレンジ⑧ボケ⑨コーラ⑩プロ野球選手⑪よく学校の校舎に打ってボールを当てていた⑫練習を追いこんで、友人とごはんを食べに行く!!⑬サル⑭ごぼう⑮クレイグ・キンブレル⑯レモン⑰We are the one⑱ポートガス・D・エース（ONE PIECE）⑲ファンと球団が一体となって戦っているとこ⑳みんな頑張るぞ!!㉑支配下登録

◀ 1日1日、1球1球に全力を込め、野球に熱意をもって取り組むので、応援よろしくお願いします

"気合い"

OHE Kaito　投　手

大江 海透

2000年1月13日（24歳）／181cm・93kg／B型／左投左打／1年目／
佐賀県／神埼清明高→久留米工大→北九州下関フェニックス→オリックス
（育成ドラフト2巡目・24〜）

気合と根性の"佐賀魂"で勝負

　躍動感あふれるフォームで、力強い速球とカットボールやチェンジアップなど、多彩な変化球を駆使するサウスポー。出身の高校、大学、独立リーグ球団からは初のプロ野球選手ということで後輩たちの良い道標に。「気合と根性の佐賀魂を見てほしい」と抱負を口にする。気持ちのこもった投球で、支配下へ猛アピールだ。

Q&A

①気合と根性②かいちゃん③猫④ピアノ⑤エギング⑥ルアーを投げたときの音⑦紫、水色⑧ボケ⑨めかぶ⑩白バイ⑪洗わなかった手でおにぎりを食べて食中毒になったこと⑫自分で釣った魚を食べること⑬クマ⑭ルー⑮大谷翔平さん⑯海の香り⑰『Automatic』宇多田ヒカル⑱狗巻棘（呪術廻戦）⑲強いところ⑳エースじゃなくても諦めないで!⑳日々を積み重ねた人間しか見られない景色を見ること

◀ 大江です。よろしくお願いします

同郷の先輩に続け！

"日々前進"

MIYAGUNI Riku　投手

宮國 凌空

2005年8月7日(19歳)／176cm・78kg／O型／
右投右打／1年目／沖縄県／
東邦高→オリックス(育成ドラフト3巡目・24〜)

　強く腕を振るダイナミックな投球フォームから繰り出されるストレートは球速以上の体感を与え、多彩な変化球を自在に操る投球術にも長ける優良素材。中学時代、宜野湾ポニーズでは日本代表にも選ばれたが、投手への本格的な転向は東邦高に入ってから。伸びシロ豊かな右腕が、同郷の先輩、宮城大弥の背中を追う。

043

Q&A

❶まっすぐの強さ❷グニ❸犬派❹ギター❺バスケットボール❻プロスピ歴6年❼ピンク❽ボケ❾サバスのプロテイン❿プロ野球選手⓫サル⓬ジャガイモ⓭今田美桜⓮ECHO⓯雰囲気㉑体づくり

📣 宮國です。よろしくお願いします

"鞠場に遠慮なし"

マウンド度胸で勝負

044

ASHIDA Taketo　投手

芦田 丈飛

2000年2月9日(24歳)／185cm・95kg／A型／
右投右打／1年目／千葉県／千葉英和高→国士舘大→オールフロンティア→埼玉武蔵ヒートベアーズ→オリックス(育成ドラフト4巡目・24〜)

　テイクバックの小さなフォームが特長の右腕。キレのあるストレートにスライダーやフォークを織り交ぜ、三振を奪う。大学ではひじの故障もあり、社会人、独立リーグを経験。NPBへは遠回りしたが本当の勝負はここから。気持ちで負けないマウンド度胸も強み。目指すは大学の先輩である小松聖(現・スカウト)だ。

Q&A

❶ストレートの強さ❷たけと❸犬派❹バイオリン❺硬筆検定3級❻韓国語が少しできる❼青❽ボケ❾野菜ジュース❿野球選手⓫盗塁で一度もアウトになったことがない⓬サウナ上がりにアイスとシュークリーム⓭犬⓮牛肉⓯齊藤英里⓰ホワイトムスク⓱『STAYIN' ALIVE』JUJU⓲範馬刃牙(グラップラー刃牙)⓳ユニフォームがかっこいい⓴今できる100%を出すこと㉑一軍登板

📣 たくさんの応援よろしくお願い致します

好打攻守の実戦向き内野手

夢"縁"
045

KAWANO Sota 内野手

河野 聡太

2000年5月22日(24歳)／180cm・77kg／A型／右投左打／1年目／福岡県／九州産大九州高→西日本工大→愛媛マンダリンパイレーツ→オリックス(育成ドラフト5巡目・24〜)

　シュアな打撃で、四国アイランドリーグplus・愛媛での打率は3割、出塁率は4割を越えた。守備面では安定したスローイングが特徴で、走攻守の三拍子で可能性を秘めた好素材の内野手だ。西日本工業大時代は全日本大学選手権にも出場、全国の大舞台を踏んできた。「NPBでゴールデン・グラブ賞を！」と、高い目標を目指す。

Q&A

❶柔らかいスローイング❷そうた、そうちゃん❸猫派❹ピアノ❺バレーボール❻字がキレイ❼黄色❽ツッコミ❾水❿野球選手⓫県大会ベスト8⓬温泉からのハーゲンダッツ⓭玉ねぎ⓮芦田愛菜⓯金木犀⓰TRAIN-TRAIN⓱ゴン=フリークス(HUNTER×HUNTER)⓲ユニフォームがかっこいい⓳今を全力で楽しんでください⓴支配下登録

📣 顔と名前を覚えてください

チームスタッフ TEAM STAFF

球団本部長	小浜 裕一
特任顧問	横田 昭作
ゼネラルマネージャー 兼編成部長	福良 淳一
管理部長	久保 充広
管理部副部長 兼 育成グループ長	佐藤 広
チーム運営グループ長 1軍チーフマネージャー	杉山 直久
1軍マネージャー	渡邊 隆洋
1軍用具担当	松本 正志
1軍用具担当補佐 兼アシスタントスタッフ	古川 秀一
査定グループ長	島袋 修
査定グループ担当課長	熊谷 泰充
スコアラーグループ長	今村 文昭
スコアラー	別府 修作
スコアラー	三輪 隆
スコアラー	曽我部 直樹
スコアラー	前田 大輔
スコアラー	松井 雅人
スコアラー	岩下 修一
コンディショニンググループ長	本屋敷 俊介
1軍チーフトレーナー	福條 達樹
トレーナー	幕田 英治

トレーナー	佐々木 健太郎
トレーナー	村上 隼紀
トレーナー	宮野 貴範
チーフトレーニング担当	久保田 和稔
2軍チーフトレーナー	植田 浩章
トレーナー	野間 卓也
トレーナー	砂長 秀行
トレーナー	千葉 直人
トレーナー	大橋 伸哉
リハビリ担当	田中 康雄
トレーニング担当	鈴川 勝也
トレーニング担当	前田 悠人
国際渉外部長	羽場 大祐
チーフ通訳 兼国際渉外アシスタント	荒木 陽平
通訳兼国際渉外アシスタント	澤村 直樹
国際渉外アシスタント兼通訳	山口 淳史
通訳兼国際渉外アシスタント	徳永 力也
通訳兼国際渉外アシスタント	柴田 凌
2軍マネージャー	大橋 貴博
2軍サブマネージャー 兼アシスタントスタッフ	岩橋 慶侍
2軍サブマネージャー 兼アシスタントスタッフ	宮川 祥

育成グループ スコアラー	依田 栄二
2軍用具担当	山内 嘉弘
青濤館寮長	山田 真実
青濤館副寮長	森 浩二
青濤館副寮長	葉室 太郎
アシスタントスタッフ	清田 文章
アシスタントスタッフ	太田 暁
アシスタントスタッフ	杉本 尚文
アシスタントスタッフ	山岡 洋之
アシスタントスタッフ	漆戸 駿
アシスタントスタッフ	比屋根 彰人
アシスタントスタッフ	稲富 宏樹
アシスタントスタッフ	井阪 功大
アシスタントスタッフ	渡邉 潤
アシスタントスタッフ	叺田 本気
アシスタントスタッフ	久保 拓眞
アシスタントスタッフ	植 幸輔
広報宣伝部長	後藤 俊一
広報グループ長	町 豪将
広報	佐藤 達也
広報	石岡 諒太

728

J-FUJIWARA アイドル
藤原 丈一郎

1996年2月8日(28歳)／168cm／B型
右投右打／21年目／大阪府

オリックスの申し子!?
アイドル兼"自称"広報部長

2018年に結成された7人組ユニット『なにわ男子』のメンバー。本名は藤原丈一郎、愛称は「じょー」。愛くるしい笑顔と、時折見せる大人の魅力で、多くのファンを虜にしている。2021年にオリックスが日本シリーズ進出を決めた同日(11月12日)に、キラキラとキュンキュンが存分に詰め込まれた『初心LOVE（うぶらぶ）』でCDデビュー。翌年には初の『NHK紅白歌合戦』にも初出場を果たす。2023年には、日本テレビ系『24時間テレビ46』のメインパーソナリティーを務めた。ちなみに番組放送初日に、オリックスは9年ぶりのマジック24を点灯させている。

オリックスファンになったきっかけは「じゃがいもデー」。京セラドーム大阪には小学生のころから何度も足を運び、中学1年生からファンクラブ会員となって現在も継続中。会員ポイントの上位ランク者であり、5年前から年間シートも保有している。2022年の日本シリーズは、第1戦、第4戦、第6戦、第7戦を球場で観戦し、チーム26年ぶり日本一の瞬間を現地で見届けた。2023年は、仕事の関係で現地観戦が5試合に留まったものの、観戦時のチームの勝敗は4勝1敗と抜群の相性の良さをみせた。

◀ 3年連続のパーフェクトガイド！
これからもオリ愛をたくさんの人々に
豪速球の愛で届けます！

Q&A

Q1:俺のココを見てくれ！
アイドル界で一番バファローズ愛がある！

Q2:俺をこう呼んでくれ！
じょー、J-FUJIWARA

Q3:俺は犬派？猫派？
犬派

Q4:俺が楽器を1つマスターできるなら何を選ぶ？
ピアノ

Q5:俺の「野球には役立たないかも……」と思ってしまうような、特技は？
好きな50音を言ってもらって、その1音から、即時に"キュンキュンセリフ"を言える

Q6:俺のちょっとした自慢！
年間シート購入してます！

Q7:俺のラッキーカラー！
青、ゴールド！

Q8:俺はボケ？ツッコミ？
ボケとツッコミの二刀流です（笑）

Q9:俺がコンビニでよく買うものは？
HI-CHEW

Q10:俺の小さい頃の夢は？
高速道路の料金所の人

Q11:俺のちょっとした贅沢！
入浴時に入浴剤とキャンドルで癒される！

Q12:俺を動物に例えると！
リスザル

Q13:俺がカレーの具材だったら何？
じゃがいも

Q14:俺が会いたい有名人は？
タフィ・ローズ、アレックス・カブレラ

Q15:俺のお気に入りの香りは？
せっけん

Q16:俺が元気になりたい時の曲は？
『夢わたし』なにわ男子

Q17:俺の好きな漫画のキャラクターは？
チャーリー・ブラウン（PEANUTS）

Q18:バファローズの一番好きなところは？
選手、スタッフがファン思いなところ！

Q19:未来のプロ野球選手にひとこと！
球場に来て、自分の目で
プロのすごさを味わおう！

Q20:俺の2024年シーズンの目標・公約はコレだ！
パ・リーグ全球場観戦！
日本シリーズは応援席で日本一を見届ける！

Q21:この際バファローズの〇〇選手にいいたい事は？
辻コーチへ
ますだおかだの岡田圭右さんに似てますね！
たまにどっちか分からないので、
イメチェンお願いします（笑）！

TEAM MASCOT

チームマスコット

多くのファンに愛されているオリックス・バファローズ公式マスコット「バファローブル」と「バファローベル」。
やんちゃでパワフル！好奇心旺盛なお兄ちゃんと、愛嬌たっぷりで優しい妹のふたりが、
お互いをフォローし合いながら、今シーズンもチームを全力で応援し、盛り上げます。

みんなでもっかい
日本一の
けしきみるで！
おりふぉーｗｗ
するぞ！

ことしもいっぱい
ベルちゃーん！って
呼んでね♡
いっしょに応援
楽しもうねー！

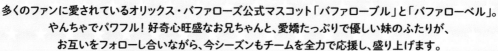

バファローブル

Buffalo BULL

バファローズ愛にあふれた、やんちゃでパワフルな好奇心旺盛なお兄ちゃん。ファンサービスは常に全力投球！目指すはマスコット界の日本一。「Buffalo BULL」の「ブル」という名前は、目の色の「BLUE（ブルー）」と強く勇敢な雄牛「BULL（ブル）」を意味している。さらに、ファンを「ブルブル」と身震いさせるような熱い戦い、勝利を！という思いが込められている。

Q & A

①ダンス・バファローズへの愛 ②ブルくん ③牛派 ④ドラム ⑤ジェスチャーゲームがつよい！⑥そくてん（ちょっとだけ）できるようになった！⑦ゴールド ⑧二刀流 ⑨おにぎりとチキン ⑩しあいおわりのやきおにぎり ⑪う……し？⑫玉ねぎで！⑬大谷翔平選手 ⑭たきたてのごはんのにおい ⑮ケセラセラ！さいきんすき！⑯コナンくん ⑰みんなあったかくてやさしくておもしろくてかっこいいところ ⑱オリックス・バファローズでまってるよ！⑲日本一だっかん！４連覇！

バファローベル

Buffalo BELL

愛嬌たっぷりのバファローブルの妹。名前の由来は、勝利の女神で、勝利の「鐘（ベル）」を鳴らし、かわいらしさと「美しさ（フランス語のBelle）」の意味が込められている。キュートな表情に、かわいらしい仕草で胸キュンする人も多い。おしゃれなコーディネートにも注目だ。

Q & A

①ぜんぶ！！②ベルちゃーん！③どっちもすき～ ④ピアノ ⑤自転車乗りまわす！⑥まつ毛の長さ ⑦ピンク ⑧ツッコミ！⑨いちごアイスといちごミルク ⑩おやつのつまみ食い ⑪牛 ⑫肉……？⑭いちごの甘酸っぱいかおり ⑮SKYを踊る♪ ⑯プリキュアたち！⑰かっこいい！！⑲たくさんお出かけすること！みんなといっしょに応援いっぱいすること！

Question

①ココを見てくれ！②こう呼んでくれ！③犬派？猫派？④楽器を1つマスターできるなら何を選ぶ？
⑤「野球には役立たないかも……」と思ってしまうような、特技は？⑥ちょっとした自慢！⑦ラッキーカラー！⑧ボケ？ツッコミ？⑨コンビニでよく買うものは？
⑩ちょっとした贅沢！⑪動物に例えると！⑫カレーの具材だったら何？⑬会いたい有名人は？⑭お気に入りの香りは？⑮元気になりたい時の曲は？
⑯好きな漫画のキャラクターは？⑰バファローズの一番好きなところは？⑱未来の野球選手にひとこと！⑲今シーズンの目標・公約はコレだ！

VOICE NAVIGATOR & UTAERU REPORTER

ボイスナビゲーター & うたリポ

オリックス・バファローズ主催試合でアナウンスを担当する"ボイスナビゲーター"の神戸佑輔さんと、
"うたえるリポーター"略して"うたリポ"の田畑実和さんが、今シーズンも球場内外を盛り上げます！

全員で、今年も楽しいシーズンにしましょう！

今年も一緒にチームを盛り上げましょう！

神戸　佑輔

田畑　実和

KANBE Yusuke

チームへの応援、いつも素敵だなと感じています。
今季も楽しく真剣に応援して、秋には4連覇の景色を一緒に見ることができますように。
球場へお越しになった時は声で楽しんでいただけるように頑張ります！

Q & A

①バリトンの声 ②かんべ ③猫派 ④ウクレレ ⑤声域が4オクターブあります ⑥2.0の視力 ⑦赤 ⑧ツッコミ ⑨炭酸水 ⑩庭師 ⑪コンビニで買い物 ⑫亀 ⑬福神漬け ⑭ケイ・グラントさん ⑮レモン ⑯『人生の扉』竹内まりや ⑰ラッキーマン（とっても！ラッキーマン） ⑱チームとファンの一体感 ⑲バスの声域まで広げる

TABATA Miwa

いつも温かい応援をありがとうございます。
昨年はリーグ3連覇という貴重な瞬間に携わることができて、とても幸せでした。チームの勝利を願い、今シーズンも頑張ってまいります。どうぞよろしくお願いいたします！

Q & A

①歌 ②みわ ③ 犬派 ④ドラム ⑤耳コピ ⑥教員免許がある ⑦黄色 ⑧ツッコミ ⑨アイスクリーム ⑩歌手 ⑪ケーキを買う ⑫うさぎ ⑬じゃがいも ⑭石原さとみ ⑮レモングラス ⑯Living in Color ⑰アーニャ・フォージャー（SPY×FAMILY） ⑱チームやファンの皆さまの温かさ ⑲楽しんでいただけるリポートを心がけます

Question

①ココを見てくれ！ ②こう呼んでくれ！ ③犬派？猫派？ ④楽器を1つマスターできるなら何を選ぶ？
⑤「野球には役立たないかも……」と思ってしまうような、特技は？ ⑥ちょっとした自慢！ ⑦ラッキーカラー！ ⑧ボケ？ツッコミ？ ⑨コンビニでよく買うものは？
⑩小さい頃の夢は？ ⑪ちょっとした贅沢！ ⑫動物に例えると！ ⑬カレーの具材だったら何？ ⑭会いたい有名人は？ ⑮お気に入りの香りは？ ⑯元気になりたい時の曲は？
⑰好きな漫画のキャラクターは？ ⑱バファローズの一番好きなところは？ ⑲今シーズンの目標・公約はコレだ！

BsGravity

MEMBERLIST 2024

オリックス・バファローズをファンのみなさまとともに盛り上げる球団公式ダンス&ヴォーカルユニット。
11年目を迎える2024年シーズンは男女混成の「BsGravity」として始動!
「BsGirls」9名、「BsGuys」5名の14名とともに一緒に応援しましょう。

#362
Performer / Leader
NUI

A型　5年目

①ほくろ♡
②ぬー、ぬーちゃん
③犬派
④ピアノ
⑤どこでも寝られるところ
⑥胃もたれしない!!
⑦オレンジ
⑧ツッコミ
⑨グミ、お菓子
⑩体操選手
⑪ちょっといい焼肉を食べる
⑫犬
⑬牛肉
⑭TWICE
⑮シャンプーの香り
⑯『GO ALL TOGETHER』
　BsGirls
⑰アーニャ・フォージャー
　(SPY×FAMILY)
⑱チーム、ファンの皆さまが
　温かいところ
⑲チームを後押しできるような
　全力パフォーマンス

【 ファンへのメッセージ 】
いつもたくさんのご声援ありがとうございます。パ・リーグ4連覇、そして日本一を目指して今シーズンもともに熱く戦いましょう!!

#373
Performer / Sub Leader
HIYORI

AB型　3年目

①ぷにぷににモチモチのほっぺ
②ぴよ、ひよりん、ひーちゃん、ぴよぴよ
③どっちも派
④フルート
⑤床に落としたものを足で拾うこと
⑥晴れ女
⑦赤、ピンク
⑧ツッコミ
⑨おにぎり
⑩バレリーナ
⑪納豆2パックごはん
⑫ハムスター、リス
⑬お米
⑭山下智久
⑮フローラル
⑯オリックス・バファローズ球団応援歌
　『SKY』
⑰キルア＝ゾルディック (HUNTER×HUNTER)
⑱監督、コーチ、選手のみんな仲が
　良さそうで雰囲気がいいところ
⑲サブリーダーとして、
　リーダーのNUIさんを支え、
　みんなを引っ張っていくこと!

【 ファンへのメッセージ 】
大好きな皆さまと大好きなオリックス・バファローズを応援することができて本当に幸せです。リーグ4連覇・日本一奪還を目指し、一緒に全力応援しましょう!!

Q&A ①ココを見てくれ! ②こう呼んでくれ! ③犬派? 猫派? ④楽器を1つマスターできるなら何を選ぶ? ⑤特技は? ⑥ちょっとした自慢! ⑦ラッキーカラー! ⑧ボケ? ツッコミ? ⑨コンビニでよく買うものは? ⑩小さい頃の夢は?

#374
Performer
YUKARI
AB型／3年目

① パフォーマンス、笑顔
② ゆかぽん、ぽんさん
③ 犬派
④ ギター
⑤ 目覚ましアラームをすぐに止める
⑥ 昔話したことや出来事を
　鮮明に覚えること
⑦ パステルイエロー
⑧ ボケ
⑨ スイーツ
⑩ プリキュア
⑪ コンビニの新作スイーツを
　週初めに買う
⑫ アライグマ
⑬ ジャガイモ
⑭ ちゃんみな
⑮ フローラル
⑯『裸足でSummer』乃木坂46
⑰ 北神未海（極上!!めちゃモテ委員長）
⑱ 選手の方と応援してくださる
　皆さまの一体感
⑲ 昨シーズンとは違うYUKARIを
　お見せすること！

【 ファンへのメッセージ 】
いつも温かいご声援ありがとうございます。全力笑顔・パフォーマンスで皆さまと今シーズンも応援します！全員で「おりふぉ〜ww」しましょう！

#377
Vocal
HINATA
A型／2年目

① パフォーマンス
② ヒナタ、ぴーちゃん
③ 犬！
④ ドラム
⑤ 甘いものがずっと食べられる
⑥ お部屋を片付けるのが得意！
⑦ 赤
⑧ ボケ＆ツッコミ（どっちも得意♡）
⑨ カフェラテ
⑩ お花屋さん
⑪ 月に一度の好きなものを
　爆買いする日！
⑫ ナマケモノ
⑬ ジャガイモ
⑭ RIEHATA
⑮ 今使っているカモミールと
　クラリセージのハーブの香り
⑯『Catch the Vibe』RIEHATA
⑰ ロロノア・ゾロ（ONE PIECE）
⑱ 選手もファンの皆さまも私たちも！
　みんなが一つなところ！
⑲ BsGravityをたくさんの方に
　知ってもらう!!

【 ファンへのメッセージ 】
いつも応援してくださっているファンの皆さま、本当にありがとうございます!!今年はNew HINATAをお見せできるように頑張ります!!皆さま、応援よろしくお願いします♡

#379
Performer
MAHO
AB型／2年目

① 全力パフォーマンス
② まほほ、キキ
③ 犬派　④ ピアノ
⑤ 料理　⑥ 腕が長い
⑦ グレー　⑧ ボケ
⑨ 2ℓの水、マドレーヌ
⑩ ダンサー
⑪ 行きたいカフェに行く
⑫ トラ
⑬ ジャガイモ
⑭ BLACK PINKのLISA
⑮ 金木犀
⑯『HEART BEAT』加藤ミリヤ
⑰ チョッパー（ONE PIECE）
⑱ どんなときもチームの雰囲気がいい！
⑲ 2年目になるので、2023シーズンで
　学ばせていただいたことを活かして
　先輩らしくなることと、
　昨年同様に球場の大きさに負けない
　パワフルなパフォーマンスをすること！

【 ファンへのメッセージ 】
いつもたくさんの愛とたくさんのご声援、本当にありがとうございます。皆さまには感謝の気持ちでいっぱいです。そして、SNSでのメッセージも毎日ありがたく読ませていただいています。その度に元気になれます!!今シーズンも皆さまとオリックス・バファローズを応援できることがとてもうれしいです。一緒に盛り上げていきましょう。

#380
Vocal
AYAKA
A型／2年目

① 表情豊かです！
② あやか
③ 猫派
④ ドラム
⑤ 考察力
⑥ 人の変化にすぐに気づけるところ！
⑦ 水色
⑧ ボケ
⑨ お水
⑩ 警察官
⑪ 少し高いアイスを食べること！
⑫ たぬき
⑬ 玉ねぎ
⑭ 橋本環奈
⑮ シャンプーの香り
⑯『幸せって。』Crystal Kay
⑰ ハロー・キティ
⑱ チームが
　一致団結しているところ
⑲ 全部に全力投球！

【 ファンへのメッセージ 】
2024年もAYAKAらしく元気に明るく頑張るので応援よろしくお願いします！

①ちょっとした贅沢！　②動物に例えると！　③カレーの具だったら？　④会いたい有名人は？（敬称略）　⑤お気に入りの香りは？
⑯元気になりたい時の曲は？　⑰好きな漫画のキャラクターは？　⑱バファローズの1番好きなところは？　⑲今シーズンの目標・公約はコレだ！

#381
Performer
SAAYA
B型／2年目

①ぱっつん前髪、笑顔
②SAAYA、ちゃーや、さーちゃん
③犬派
④ギター
⑤全身の骨を鳴らすことができる
⑥自分でつくるチーズinハンバーグが
　1番おいしい!!
⑦パステルパープル
⑧どっちも?
⑨アイス
⑩お嫁さん、ダンスの先生
⑪アイスを好きなだけ食べる
⑫うさぎ
⑬にんじん
⑭今田美桜
⑮ホワイトムスク
⑯『SHINE』BsGirls
⑰猗窩座（鬼滅の刃）
⑱一体感! ファンの皆さまが温かい!
⑲日本一奪還できるよう
　全力応援すること

【 ファンへのメッセージ 】
いつもたくさんの温かいご声援ありがとうございます! 2年目のシーズン、もっと皆さまに応援していただけるよう、好きになってもらえるように頑張ります! 今シーズンは日本一奪還できるように一緒に全力応援しましょう!!

#382
Performer
YUIKA
A型／1年目

①ダンス、笑顔
②ユイカ
③犬派
④ドラム
⑤曲編集
⑥運動神経がいい
⑦赤、青
⑧ツッコミ
⑨じゃがりこ
⑩デザイナー
⑪食べ放題に行く!!
⑫リス
⑬玉ねぎ
⑭三浦大知
⑮ラベンダー
⑯『Mela!』緑黄色社会
⑰爆豪勝己
　（僕のヒーローアカデミア）
⑱強いところです!
⑲パフォーマンスを
　通してすべての人と
　1つになる!!

【 ファンへのメッセージ 】
新メンバーとして、新しい風を吹かせられるように頑張ります!! 皆さんにお会いできる日を楽しみにしています!!

#383
Performer
FANA
AB型／1年目

①ダイナミックダンス、手足の長さ
②ふぁーふぁ、ふぁー子
③犬派
④ギター
⑤ピアノが弾ける
⑥晴れ女
⑦ピンク
⑧ボケ
⑨新作スイーツ
⑩ダンサー、ダンスの先生
⑪夜にデパ地下
　スイーツを
　お家で食べる
⑫ダックスフンド
⑬ジャガイモ
⑭安室奈美恵
⑮金木犀
⑯『決戦は金曜日』
　DREAMS COME TRUE
⑰ロイド・フォージャー
　（SPY×FAMILY）
⑱すべて!
⑲一つひとつのことに丁寧、
　且つ全力で!

【 ファンへのメッセージ 】
初めまして! FANAです! 皆さんと一緒に今シーズンのオリックス・バファローズを盛り上げていきましょう。

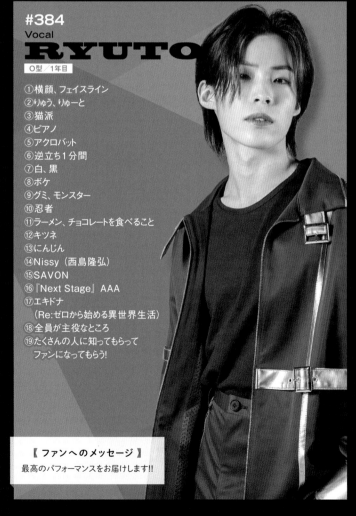

#384
Vocal
RYUTO
O型／1年目

①横顔、フェイスライン
②りゅう、りゅーと
③猫派
④ピアノ
⑤アクロバット
⑥逆立ち1分間
⑦白、黒
⑧ボケ
⑨グミ、モンスター
⑩忍者
⑪ラーメン、チョコレートを食べること
⑫キツネ
⑬にんじん
⑭Nissy（西島隆弘）
⑮SAVON
⑯『Next Stage』AAA
⑰エキドナ
　（Re:ゼロから始める異世界生活）
⑱全員が主役なところ
⑲たくさんの人に知ってもらって
　ファンになってもらう!

【 ファンへのメッセージ 】
最高のパフォーマンスをお届けします!!

Q&A　①ココを見てくれ! ②こう呼んでくれ! ③犬派? 猫派? ④楽器を1つマスターできるなら何を選ぶ? ⑤特技は?
⑥ちょっとした自慢! ⑦ラッキーカラー! ⑧ボケ? ツッコミ? ⑨コンビニでよく買うものは? ⑩小さい頃の夢は?

#385
Vocal
JUNKI
A型／1年目

①まゆげ
②ジュンキ
③犬派
④ピアノ
⑤コーヒーのハンドリップ
⑥身近な人のモノマネが特技なところ
⑦紫
⑧両方!
⑨コーヒー
⑩歌う人
⑪1人焼肉に行く
⑫アルパカ
⑬ジャガイモ
⑭ハリウッドザコシショウ
⑮ローズ系
⑯『Standing Next to You』 JUNG KOOK
⑰コラソン（ONE PIECE）
⑱打線がつながって、 投手陣が安定している!
⑲100マイル級の歌声を届ける!

【 ファンへのメッセージ 】
全力で盛り上げます!

#386
Performer
IBUKI
AB型／1年目

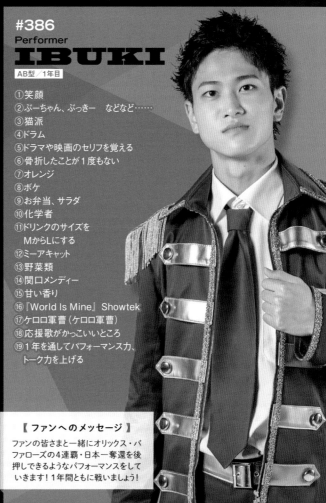

①笑顔
②ぶーちゃん、ぶっきー　などなど……
③猫派
④ドラム
⑤ドラマや映画のセリフを覚える
⑥骨折したことが1度もない
⑦オレンジ
⑧ボケ
⑨お弁当、サラダ
⑩化学者
⑪ドリンクのサイズを MからLにする
⑫ミーアキャット
⑬野菜類
⑭関口メンディー
⑮甘い香り
⑯『World Is Mine』 Showtek
⑰ケロロ軍曹（ケロロ軍曹）
⑱応援歌がかっこいいところ
⑲1年を通してパフォーマンス力、 トーク力を上げる

【 ファンへのメッセージ 】
ファンの皆さまと一緒にオリックス・バファローズの4連覇・日本一奪還を後押しできるようなパフォーマンスをしていきます!1年間ともに戦いましょう!

#387
Performer / Sub Leader
KOTARO
O型／1年目

①目力
②こうたろう
③犬派
④ギター
⑤暗算
⑥歩くのめっちゃ速い
⑦黄色
⑧ツッコミ
⑨かにかま
⑩学校の先生
⑪サウナへ行くこと
⑫オランウータン
⑬豚肉
⑭SWAY（DOBERMAN INFINITY）
⑮石鹸の香り
⑯『Summer Queen』平井大
⑰レイ（約束のネバーランド）
⑱選手の情報などを SNSにたくさん 載せてくれるところ
⑲たくさんの人にかっこいいと 思ってもらえる パフォーマンスをすること!

【 ファンへのメッセージ 】
初めてのことだらけで緊張していますが、新体制として一生懸命頑張るので応援よろしくお願いします。

#388
Performer
U-KI
O型／1年目

①鼻
②ユーキ
③犬派
④ギター
⑤洋服リメイク
⑥ジャンプ力
⑦Red!
⑧ボケ
⑨エナジードリンク
⑩プロダンサー
⑪服を買うこと
⑫フェレット
⑬牛肉
⑭G-DRAGON、XG
⑮サンダルウッド
⑯『R.O.D.』G-DRAGON
⑰野原しんのすけ （クレヨンしんちゃん）
⑱抜群のチームワーク
⑲バファローズと日本一を目指し、 全力でサポートします!

【 ファンへのメッセージ 】
この1年チームを盛り上げ、勝利へと導けるよう頑張ります!

⑪ちょっとした贅沢! ⑫動物に例えると! ⑬カレーの具だったら? ⑭会いたい有名人は?（敬称略）⑮お気に入りの香りは?
⑯元気になりたい時の曲は? ⑰好きな漫画のキャラクターは? ⑱バファローズの1番好きなところは? ⑲今シーズンの目標・公約はコレだ!

記録に挑む

日々の鍛錬に耐え、一つひとつ
積み上げてきた結果が大記録へとつながる。
数々の記録が達成されることが予想される今シーズン。
記録に挑む候補選手たちを紹介しよう。

16 平野 佳寿

700試合登板
- 現在 685試合
- 達成まで 15試合
- 初登板 2006.3.26 vs.西武2回戦（インボイス）

200ホールド
- 現在 155ホールド
- 達成まで 45ホールド
- 初ホールド 2010.4.21 vs.日本ハム4回戦（京セラD大阪）

1000奪三振
- 現在 987奪三振
- 達成まで 13奪三振
- 初奪三振 2006.3.30 vs.楽天3回戦（フルスタ宮城）

35 比嘉 幹貴

500試合登板
- 現在 413試合
- 達成まで 87試合
- 初登板 2010.8.13 vs.西武16回戦（西武ドーム）

3 安達 了一

1000安打
- 現在 898安打
- 達成まで 102安打
- 初安打 2012.7.7 vs.ロッテ10回戦（QVCマリン）

250犠打
- 現在 231犠打
- 達成まで 19犠打
- 初犠打 2012.5.31 vs.中日2回戦（ナゴヤドーム）

99 杉本 裕太郎

100本塁打
- 現在 72本塁打
- 達成まで 28本塁打
- 初本塁打 2017.9.9 vs.楽天21回戦（koboパーク宮城）

55 T-岡田

250本塁打
- 現在 204本塁打
- 達成まで 46本塁打
- 初本塁打 2009.8.14 vs.ソフトバンク15回戦（スカイマーク）

4 森 友哉

150本塁打
- 現在 120本塁打
- 達成まで 30本塁打
- 初本塁打 2014.8.14 vs.オリックス17回戦（西武ドーム）

TICKET GUIDE & INFORMATION
チケット案内・購入方法

▶ 2024年公式戦チケット

京セラドーム大阪座席エリア

① 大商大シートS
② 大商大シートA
③ 大商大シートB
⑥ ネット裏特別指定席
⑦ ビュー指定席
⑧ ライブ指定席
⑨ S指定席
⑩ ダイナミック指定席
⑪ A指定席
⑫ B指定席
⑬ バリュー指定席
⑭ 上段中央指定席
⑮ 上段C指定席
⑯ 下段外野指定席
⑰ ビジター下段外野指定席
⑱ 上段外野指定席
★は飲食付き

外野レストラン席
㉑ グリルフェスタ
㉔ スターダイナー★

※この座席エリアは概要図ですので、実際の位置関係と異なる場合があります

ほっともっとフィールド神戸座席エリア

③ フィールド指定席
④ ネット裏指定席
⑤ ライブ指定席
⑥ A指定席
⑦ B指定席
⑧ ブルペンシート
⑨ 2階バルコニー指定席
⑩ 2階C指定席
⑪ 外野指定席
⑫ ビジター外野指定席
⑬ プレモル・ファミリーゾーン
⑭ KOBEダイナー★
⑮ SKYダイナー★
★は飲食付き

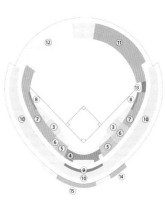

※この座席エリアは概要図ですので、実際の位置関係と異なる場合があります

チケット料金・発売日等については球団公式ホームページにてご確認ください。

チケットの購入は、バファローズ公式チケットサイト「オリチケ」が簡単便利!

「オリチケ」では、バファローズ主催試合のチケットご購入やアドバンスチケット等のご予約時に、BsCLUB(有料会員もしくは無料会員)へのご登録が必要となります。

BsCLUB有料会員は、サービスが充実!

オリックス・バファローズ公式ファンクラブ「BsCLUB」詳細については、38ページをご覧ください。
※BsCLUB有料会員には球団公式ホームページ・球団直営店・球場特設受付でご入会いただけます!

BsCLUB無料会員には、入会費や年会費は無料で登録できる!

※無料会員はインターネット申し込みのみとなります。「オリックス・バファローズ公式アプリ」をインストールできない場合は無料会員のアプリ会員証およびアプリ会員証を提示してご利用できるサービスをご利用できませんのでご了承ください。
※BsCLUB有料会員のチケット割引や先行販売等のサービスは適用されません。
※BsCLUB無料会員についての詳細は球団公式ホームページにてご確認ください。

簡単!
スムーズ!
ラクラク入場!

オリチケ ラクラク入場チケットサービス
デジタルチケット (QRコード)
チケット窓口に並んでチケットを受け取る必要がありません!

「オリチケ」でチケットを購入すると、ご入場時にQRコードをかざすだけで入場可能な「デジタルチケット(QRコード)」が選択可能です。事前に球場窓口やチケダス等で紙チケットへの引換が不要、お手持ちのスマートフォン等でQRコードをかざすだけで入場できて便利です!

バファローズ公式チケットサイト「オリチケ」
チケット購入はこちら!

チケット購入／指定席引換券各種／<公式戦のみ>アドバンスチケット(ライト)
※ご利用にあたってはBsCLUB会員登録(有料・無料)が必要です。

GAME SCHEDULE
一軍公式戦日程

Buffaloes INFORMATION 2024

試合日程・試合開始時間等が変更になる場合があります。
最新情報は球団ホームページでご確認ください。

3・4月 MARCH & APRIL

月	火	水	木	金	土	日
3/25	26	27	28 ▶▶▶	29 OPENING SERIES	30 OPENING SERIES	31 OPENING SERIES
			2024シーズン開幕	vs. 福岡ソフトバンク 京セラD大阪 18:00	13:00	13:00
4/1	2	3	4	5	6	7
		vs. 埼玉西武 ベルーナ 18:00	13:00	vs. 千葉ロッテ ZOZO 14:00	14:00	
8	9	10	11	12	13	14 U
	vs. 東北楽天 京セラD大阪 18:00	18:00	18:00	vs. 北海道日本ハム 京セラD大阪 18:00	14:00	
15	16	17	18	19	20	21
	vs. 東北楽天 楽天モバイル 18:00	18:00	18:00	vs. 福岡ソフトバンク PayPay 14:00	13:00	
22	23	24	25 U	26	27	28
	vs. 埼玉西武 京セラD大阪 18:00	18:00	18:00		vs. 北海道日本ハム エスコンF 14:00	13:00
29	30 ★	31				
vs. 北海道日本ハム エスコンF 13:00	vs. 千葉ロッテ ほっと神戸 18:00					

5月 MAY

月	火	水	木	金	土	日
		1 ★	2	3 Bs	4 Bs	5 Bs
		vs. 千葉ロッテ ほっと神戸 18:00		vs. 北海道日本ハム 京セラD大阪 13:00	13:00	13:00
6	7	8	9	10	11	12
vs. 東北楽天 楽天モバイル 18:00		vs. 東北楽天 秋田 18:00		vs. 福岡ソフトバンク 宮崎 13:00	鹿児島 14:00	
13	14	15 U	16	17	18	19
	vs. 千葉ロッテ 那覇 18:30	18:30		vs. 東北楽天 京セラD大阪 18:00	18:00	13:00
20	21	22	23	24	25	26
	vs. 北海道日本ハム エスコンF 18:00	18:00	18:00	vs. 埼玉西武 ベルーナ 18:00	14:00	13:00
27 ▶▶▶	28	29	30	31		
日本生命 セ・パ交流戦	vs. 広島 マツダ 18:00	18:00	18:00	vs. 中日 京セラD大阪 18:00		

6月 JUNE

月	火	水	木	金	土	日
					1	2 U
					vs. 中日 京セラD大阪 14:00	13:00
3	4	5	6	7	8	9
	vs.DeNA 横浜 18:00	18:00	18:00	vs. 巨人 東京D 18:00	14:00	14:00
10	11	12	13	14	15 U	16
	vs. 阪神 京セラD大阪 18:00	18:00	18:00	vs. ヤクルト 京セラD大阪 18:00	14:00	13:00
17	18	19	20	21 Bs オリ姫デー 2024	22 Bs オリ姫デー 2024	23 U Bs オリ姫デー 2024
				vs. 埼玉西武 京セラD大阪 18:00	14:00	13:00
24	25 Bs オリ姫デー 2024	26 Bs オリ姫デー 2024	27 Bs オリ姫デー 2024	28	29	30
	vs. 福岡ソフトバンク 京セラD大阪 18:00	18:00	18:00	vs. 千葉ロッテ ZOZO 18:00	18:00	18:00

7月 JULY

月	火	水	木	金	土	日
1	2	3	4	5	6 ★	7 U
	vs. 東北楽天 弘前 18:00	盛岡 18:00			vs. 北海道日本ハム ほっと神戸 18:00	京セラD大阪 14:00
8	9 U	10	11	12	13	14
	vs. 福岡ソフトバンク 京セラD大阪 18:00	18:00		vs. 千葉ロッテ ZOZO 18:00	18:00	17:00
15	16	17	18	19 ★	20 ★	21 ★
	vs. 埼玉西武 ベルーナ 18:00	18:00	18:00	vs. 東北楽天 ほっと神戸 18:00	18:00	16:00
22	23	24	25	26	27	28
	オールスター エスコンF	オールスター 神宮	(予備日)	vs. 福岡ソフトバンク PayPay 18:30	18:00	13:00
29	30	31				
	vs. 北海道日本ハム エスコンF 18:00	18:00				

8・9月 AUGUST & SEPTEMBER

月	火	水	木	金	土	日
			1	2 Bs 夏の陣 2024	3 Bs 夏の陣 2024	4 Bs 夏の陣 2024
			vs. 北海道日本ハム エスコンF 14:00	vs. 千葉ロッテ 京セラD大阪 18:00	15:00	13:00
5	6 Bs 夏の陣 2024	7 Bs 夏の陣 2024	8 Bs 夏の陣 2024	9	10	11
	vs. 埼玉西武 京セラD大阪 18:00	18:00	18:00	vs. 千葉ロッテ ZOZO 18:00	18:00	
12	13 Bs 夏の陣 2024	14 Bs 夏の陣 2024	15 Bs 夏の陣 2024	16 Bs 夏の陣 2024	17 Bs 夏の陣 2024	18 Bs 夏の陣 2024
vs. 千葉ロッテ ZOZO 17:00	vs. 東北楽天 京セラD大阪 18:00	18:00	18:00	vs. 北海道日本ハム 京セラD大阪 18:00	18:00	13:00
19	20	21	22	23	24	25 U
	vs. 埼玉西武 前橋 18:00	ベルーナ 18:00	18:00	vs. 千葉ロッテ 京セラD大阪 18:00	15:00	13:00
26	27	28	29	30	31	9/1
	vs. 福岡ソフトバンク PayPay 18:00	長崎 18:00		vs. 東北楽天 楽天モバイル 18:00	18:00	16:00

9月 SEPTEMBER

月	火	水	木	金	土	日
9/2	3 ★	4 U	5	6	7	8
vs.東北楽天 楽天モバイル 18:00	vs.埼玉西武 ほっと神戸 18:00	vs.埼玉西武 18:00		vs.北海道日本ハム エスコンF 18:00	14:00	13:00
9	10	11	12	13	14	15 U
	vs.千葉ロッテ 京セラD大阪 18:00	18:00		vs.福岡ソフトバンク 京セラD大阪 18:00	18:00	13:00
16	17	18	19	20	21	22 U
vs.福岡ソフトバンク 京セラD大阪 14:00		vs.埼玉西武 ベルーナ 18:00			vs.北海道日本ハム 京セラD大阪 18:00	18:00
23	24	25	26	27	28	29
vs.福岡ソフトバンク 京セラD大阪 18:00	vs.埼玉西武 18:00		vs.千葉ロッテ ZOZO 18:00		vs.東北楽天 楽天モバイル 13:00	13:00
30						
vs.福岡ソフトバンク PayPay 18:00						

10・11月 OCTOBER & NOVEMBER

月	火	水	木	金	土	日
	1	2	3	4	5	6
	vs.福岡ソフトバンク PayPay 18:00					
7	8	9	10	11	12	13
					クライマックスシリーズ ファーストステージ 第1戦	第2戦
14	15	16	17	18	19	20
第3戦		クライマックスシリーズ ファイナルステージ 第1戦	第2戦	第3戦	第4戦	第5戦
21	22	23	24	25	26	27
第6戦					日本シリーズ 第1戦	第2戦
28	29	30	31	11/1	2	3
	日本シリーズ 第3戦	第4戦	第5戦		日本シリーズ 第6戦	第7戦

Bs開幕シリーズ2024
2024シーズンの開幕戦は
京セラドーム大阪で開催!
V4を目指してシーズンスタートを切ります!

Bsオリ姫デー2024
恒例のオリ姫デー、今シーズンも6試合で開催!
オリ姫にうれしいイベントは、ただいま企画中です♪

Bs夏の陣2024
バファローズ恒例の夏のビッグイベント!
8月の12試合で開催です! どんな限定ユニフォームを
着用するのか?! お楽しみに!

Bsオリっこデー2024
ゴールデンウィークはキッズが主役に!
ファミリーで楽しめるイベントを
ご用意いたします♪

Bs大花火大会
人気の花火ナイトがスケールアップした大花火!
試合終了後に大迫力2,000発の花火が
打ち上がります!

■ ホームゲーム(京セラドーム大阪)
■ ホームゲーム(ほっと神戸)
■ 地方主催ゲーム
■ セ・パ交流戦
U サードユニフォームデー
★ 花火ナイト

Bsオリ達デー2024
今年もやりますオリ達デー!!!
オリファンの男性陣はドームに集まれ!

HOME STADIUM ホームスタジアム

京セラドーム大阪

大阪府大阪市西区千代崎3-中2-1
55,000人収容(プロ野球開催時最大席数36,220席)
両翼100m・中堅122m

電車を利用される方▼

- 御堂筋線
  - 梅田駅 約6分 → 心斎橋駅
  - なんば駅 約2分 → 心斎橋駅
  - 天王寺駅 約8分 → 心斎橋駅
  - 心斎橋駅 約5分 → 千代崎駅 ドーム前 下車すぐ
- 長堀鶴見緑地線
  - 京橋駅 約17分 → 千代崎駅 ドーム前 徒歩約9分
- 中央線
  - 本町駅 約4分 → 九条駅
- JR大阪環状線
  - 天王寺駅 外回り約7分 → 大正駅
  - 大阪駅 内回り約12分 → 大正駅 徒歩約7分
- 阪神なんば線
  - 大阪難波駅 約5分 → ドーム前駅 下車すぐ
  - 尼崎駅 約9〜14分 → ドーム前駅

→ 京セラドーム大阪

市バスを利用される方▼
- なんば 約9分 → 大正橋 徒歩約6分

ほっともっとフィールド神戸

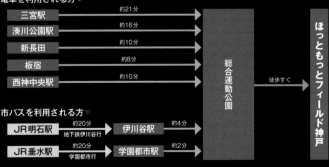

兵庫県神戸市須磨区緑台3251-10(神戸総合運動公園内)
35,000人収容
両翼99.1m・中堅122m

電車を利用される方▼

- 三宮駅 約21分 → 総合運動公園
- 湊川公園駅 約16分 → 総合運動公園
- 新長田駅 約10分 → 総合運動公園
- 板宿駅 約8分 → 総合運動公園
- 西神中央駅 約10分 → 総合運動公園 徒歩すぐ → ほっともっとフィールド神戸

市バスを利用される方▼
- JR明石駅 約20分 地下鉄伊川谷行 → 伊川谷駅 約4分 → 学園都市駅
- JR垂水駅 約20分 学園都市行 → 学園都市駅 約2分

89

INTERVIEW
KOBAYASHI HIROSHI

小林 宏 二軍監督

舞洲から巣立ち、一軍の舞台へ

オリックス・バファローズというチームの特徴のひとつとして、
一軍とファームの間を選手が往来する頻度が高いという点が挙げられる。
ファームで状態の良い選手を躊躇なくトップチームに引き上げ、
即起用というケースを目にすることはしばしば。
"全員で戦う"、"全員が戦力"を標榜するチームスタイルではあるが、
それを遂行するために必要なものは一軍とファームの密な連動性だ。
そう、チーム内の風通しの良さもまた、このチームの特徴であり強みと言っていい。
一軍への戦力供給源としての、あるいは将来への投資と運用を託された部門の充実は
チームの戦力を一定水準以上に維持するためには不可欠なことだ。
昨季は、夏場の失速でウエスタン・リーグ制覇はなし得なかったものの、
選手個々のレベルは上がり、多くの部門でオリックスの選手がウエスタン・リーグのタイトルを獲得した。
毎年のように、ファームから一軍で活躍する新たな戦力を送り出しているのも、また事実。
今季もまた、新たな星が輝きを放ち始めるのか。
ネクストブレイクは舞洲から生まれてくるのだ。
小林宏二軍監督に"舞洲軍"のリアルな部分を語ってもらう!

文●大前一樹

INTERVIEW
KOBAYASHI HIROSHI

舞洲から巣立ち、一軍の舞台へ

中嶋監督がベストなタイミングで選手を引き上げてくれる

——この春のキャンプを見ていて感じた事のひとつに、チーム全体を首脳陣全員がしっかり見るというスタイルがより鮮明になったように感じました。

そうですね。もともとコーチングスタッフに一軍もしくはファーム担当の肩書がついていませんし、春季キャンプでは選手も一軍とファームに区別しませんでした。こうすることによって、コーチ陣も、多くの選手を目にすることができますし、アドバイスもできるわけです。選手のモチベーションも自ずと上がるのでしょう。ただ、僕ら指導する側としては多くの選手に目を配らないといけないわけで、そこはコーチ陣全体のミーティングをしっかり重ねることで、さまざまな情報や選手個々の現状を共有することが大切になります。シーズンが始まれば、コーチ陣も一軍とファームに分かれるわけですから、上と下とのやりとりがスムーズにいくように、キャンプの時期に我々サイドでしっかりコミュニケーションを取ってきました。

——そういうことが、一軍とファームの濃密な連携を生むということでしょうね。

シーズン中の中嶋（聡）監督からの連絡なんて、「今、どうや？」って短い言葉だけです（笑）。ただ、中嶋監督はしっかりと映像でファームの試合や個々の選手の状態をチェックされていますからね。

——ここ3シーズンを見ていたら、毎年ファームから新たな戦力が出てきますよね。湧き出る戦力の秘密は何なのでしょう。

それは、中嶋監督がその選手のベストなタイミングで引き上げてくれて、最良の場面で使ってくれるということだと思います。その起用に、選手たちがしっかり応えてくれているわけです。もっと言えば、選手が好結果を残しやすい状況や時期に中嶋監督が使ってくれている。そこで生まれた好ましい成果で、選手がまた成長できる。

——そして、そんな新たな戦力に対しては、決して無理はさせない。

そうです。長い期間、好調を維持するのは難しいです。だからこそ、良いときをしっかりと見極めて起用し、壁にぶつかる前にまたファームに戻すってことも少なくないですからね。

——ファームに戻って来たときに、小林二軍監督は選手にどのように接していらっしゃいますか？

そうですね、一軍でプレーするあいだや、一軍を離れるときに、どんな事を中嶋監督やコーチ陣から言われたかをヒアリングしたうえで、その選手がもう一度、課題に向き合えるようにしています。

勝利を求めながらも確実に成長している

——昨シーズン、オリックスのファームチームは夏場までウエスタン・リーグの首位を走り、いったん失速したもののシーズン終盤にはまた追い上げを見せるなど、勝てるチームになりつつあると思うのですが。

いや、まだまだです（笑）。育成が第一の目的の組織ではありますが、試合をする以上、勝つということは重要なことです。そういった意味では、昨シーズンは勝利を目指すなかで、選手たちが成長してくれたのではないでしょうか。

——ウエスタン・リーグでの優勝はかないませんでしたが、選手個々でいえばタイトル獲得者が投打から複数出ましたね。

そうですね。タイトルを獲れたということは、

89

ひとりでも多くの選手が、舞洲から巣立っていってほしい。

成績そのものももちろんですが、ある一定の試合数に出場できたという証でもあるわけですよね。ウエスタン・リーグの試合でも試合に出続けることはそう簡単ではありませんからね。その点でタイトルを獲れたのですから、大いに評価したいです。

──試合に出続けるフィジカル、メンタルの強さは必要ですね。

特に体力面は必要ですね。長いシーズンを戦うなかで、故障というリスクは必ずつきまといます。実際、故障に苦しむ選手もいるわけです。故障は成長を妨げてしまいますから、回復に向けて費やすエネルギーや時間は相当なものです。

ただ、そんなケガに打ち勝ってきた選手は強いですね。あと、事前に故障を予防する"強い"体づくりや、トレーニングも重要になっています。そういった部分もファーム組織の仕事でもあります。

──オリックスの若い選手を見ていますと、年々体がしっかりしていくように感じます。実際、目に見えて、みんな体が大きくなっていますね。

そうですね。そこは、コンディショニングやトレーナー部門で、しっかりとしたメニューを組んで、それに沿った形で選手たちが体づくりに励んでくれています。そういった取り組みの成果が、しっかりと出始めてきているのは確かですね。

──育成選手も含め、成功への可能性を感じさせる選手が、オリックスのファームでは少なくないと思うのですが。

そうですか？（笑）少しずつではありますが、みんな着実に成長してくれていますね。総じて、プロ1年生より、2年生、さらには3年生と、キャリアを積むなかでの前進、進歩は見てとれますね。それは確かに感じます。

それぞれが感じて
先を読む力をつけてほしい

──チームとしてはリーグ4連覇を目指すシーズンです。ファームとしても、その役割がより重要になってきますね。

そうですね。我々、ファームとしてもともに戦

っていくわけですからね。ひとりでも多くの選手が、舞洲から一軍の戦力として巣立っていってほしいですね。期待する選手、楽しみな選手は少なくないですよ。でもね、一軍で活躍できるだけの力と技を蓄えたうえで、さらにその能力を一軍で発揮するのは簡単なことではないです。

──ウエスタン・リーグを戦う上で、やはり勝ちにもこだわりたい？

今シーズン、ファームでは若い選手を多く起用していくことになりそうです。そのなかでは勝つこともあれば負けることもあるでしょう。それぞれが勝ち負けのなかで、感じて、つかんでほしいものがあります。そこをしっかり見ていきたい。もちろん、勝つことは大事です。勝つためには何をすればいいのか、逆に何をしなければいけないのかを学んで欲しいですね。

──自分で考えることも大切だと。

さまざまな状況で、先を読む力ですね。野球ではあらゆる局面でベンチからの指示、サインが出るものですが、そこでサインに頼ることなく自分で考えてほしいです。その局面に応じて、自分は何をすべきなのかを常に考える力ですね。指示待ちでない独自の判断力を養うことは野球という競技を戦う上で、とても重要なことだと考えます。そんな力を、ファームの実戦のなかで学んでもらえたらと思っています。

──舞洲から新たな戦力の台頭を期待しています！

そうなるように、頑張ります！

GAME SCHEDULE
ファーム日程

試合日程・試合開始時間等が変更になる場合があります。
最新情報は球団ホームページでご確認ください。

■Bs主催ゲーム
杉本商事BS ▶杉本商事バファローズスタジアム舞洲
シ テ ィ S ▶大阪シティ信用金庫スタジアム
京 セ ラ D ▶京セラドーム大阪
ほ っ と 神 戸 ▶ほっともっとフィールド神戸

▨地方主催ゲーム
佐 藤 ス タ ▶佐藤薬品スタジアム
東 大 阪 ▶花園セントラルスタジアム
紀 三 井 寺 ▶紀三井寺公園野球場
富 田 林 BS ▶富田林バファローズスタジアム
高 槻 萩 谷 ▶萩谷総合公園野球場
堺 ▶堺市原池公園野球場

▫ビジターゲーム

3・4月 MARCH & APRIL

月	火	水	木	金	土	日
3/11	12	13	14 ►►►	15	16	17
			ウエスタンリーグ開幕 ►	vs.くふうハヤテ ちゅ〜る 12:30	13:00	12:30
18	19	20	21	22	23	24
	vs.広島 由宇 12:30	12:30	12:30	vs.福岡ソフトバンク 杉本商事BS 13:00	13:00	13:00
25	26	27	28	29	30	31
	vs.阪神 杉本商事BS 13:30	13:00	13:00			
4/1	2	3	4	5	6	7
	vs.広島 杉本商事BS 13:00	13:00	13:00	vs.くふうハヤテ 杉本商事BS 13:00	13:00	13:00
8	9	10	11	12	13	14
	vs.福岡ソフトバンク タマスタ 13:00	13:00	13:00	vs.中日 杉本商事BS 13:00	佐藤スタ 13:00	杉本商事BS 13:00
15	16	17	18	19	20	21
	vs.阪神 鳴尾浜 12:30	12:30	12:30	vs.中日 ナゴヤ 12:30	12:30	12:30
22	23	24	25	26	27	28
	vs.福岡ソフトバンク 杉本商事BS 13:00	13:00	13:00	vs.くふうハヤテ ちゅ〜る 12:30	12:30	12:30
29	30					
vs.阪神 鳴尾浜 12:30	12:30					

5月 MAY

月	火	水	木	金	土	日
		1	2	3	4	5
		vs.阪神 鳴尾浜 12:30		vs.広島 堺 13:00	13:00	杉本商事BS 13:00
6	7	8	9	10	11	12
				vs.福岡ソフトバンク タマスタ 13:00		13:00
13	14	15	16	17	18	19
	vs.オイシックス 新潟みどり森 18:00	15:00	12:00		vs.くふうハヤテ 東大阪 13:00	13:00
20	21	22	23	24	25	26
	vs.広島 杉本商事BS 13:00	13:00	13:00	vs.阪神 鳴尾浜 12:30	12:30	12:30
27	28	29	30	31		
	vs.中日 杉本商事BS 13:00	13:00	13:00	vs.広島 由宇 12:30		

6月 JUNE

月	火	水	木	金	土	日
					1	2
					vs.広島 由宇 12:30	12:30
3	4	5	6	7	8	9
				vs.福岡ソフトバンク 杉本商事BS 13:00	紀三井寺 13:00	杉本商事BS 13:00
10	11	12	13	14	15	16
		vs.阪神 鳴尾浜 12:30	12:30	vs.くふうハヤテ 杉本商事BS 13:00	13:00	13:00
17	18	19	20	21	22	23
	vs.中日 ナゴヤ 12:30	12:30	12:30	vs.阪神 杉本商事BS 13:00	高槻萩谷 13:00	13:00
24	25	26	27	28	29	30
				vs.福岡ソフトバンク タマスタ 18:00	17:00	13:00

7月 JULY

月	火	水	木	金	土	日
1	2	3	4	5	6	7
	vs.くふうハヤテ ちゅ〜る 12:30	12:30	12:30	vs.中日 杉本商事BS 13:00	13:00	13:00
8	9	10	11	12	13	14
					vs.福岡ソフトバンク タマスタ 18:00	17:00
15	16	17	18	19	20	21
vs.福岡ソフトバンク タマスタ 13:00	vs.阪神 杉本商事BS 13:00	13:00	13:00		フレッシュオールスター 姫路	フレッシュオールスター（予備日）
22	23	24	25	26	27	28
				vs.中日 杉本商事BS 13:00	13:00	13:00
29	30	31				
	vs.広島 由宇 12:30	12:30				

8・9月 AUGUST & SEPTEMBER

月	火	水	木	金	土	日
			1	2	3	4
			vs.広島 由宇 12:30	vs.阪神 杉本商事BS 13:00	vs.阪神 13:00	vs.阪神 13:00
5	6	7	8	9	10	11
	vs.広島 ほっと神戸 18:00	18:00		vs.くふうハヤテ ちゅ～る 12:30	12:30	12:30
12	13	14	15	16	17	18
	vs.阪神 鳴尾浜 12:30	12:30		vs.くふうハヤテ 杉本商事BS 13:00	13:00	13:00
19	20	21	22	23	24	25
				vs.中日 ナゴヤ 12:30	12:30	豊橋 18:00
26	27	28	29	30	31	9/1
	vs.福岡ソフトバンク タマスタ 18:00	17:00	13:00	vs.阪神 ほっと神戸 18:00	18:00	18:00

9月 SEPTEMBER

月	火	水	木	金	土	日
9/2	3	4	5	6	7	8
	vs.福岡ソフトバンク タマスタ 18:00	17:00	13:00		vs.阪神 安芸 12:30	12:30
9	10	11	12	13	14	15
	vs.福岡ソフトバンク 京セラD 10:30	杉本商事BS 13:00	13:00		vs.広島 富田林BS 13:00	杉本商事BS 13:00
16	17	18	19	20	21	22
	vs.くふうハヤテ 杉本商事BS 13:00	13:00	13:00	vs.中日 杉本商事BS 13:00	佐藤スタ 13:00	シティS 13:00
23	24	25	26	27	28	29
				vs.中日 ナゴヤ 12:30	12:30	11:30
30						

ファームイベント情報

4/14（日） 赤丸食堂デー
抽選でオリジナル商品プレゼント！

5/5（日・祝） ホテル・ロッジ舞洲デー

8/3（土） SUNホールディングスデー

8/4（日） Bsファン集合！
上方温泉一休デー
入浴招待券など抽選で素敵な商品をプレゼント！

8/31（土） 196マルシェ
花火ナイター

9/1（日） 丸山工務店花火ナイター

9/22（日・祝） Bsファーム感謝まつり！
応援に感謝！イベント盛りだくさんの1日です！

※各イベントの詳細は、球団公式HP・球団公式モバイルサイトにてご確認ください
（掲載時期はイベントにより異なります）。
※各イベントの名称、開催日、内容等は変更または中止となる場合がございます。予めご了承ください。

HOME STADIUM
ホームスタジアム

杉本商事バファローズスタジアム舞洲

大阪府大阪市此花区北港緑地2-2-65

大阪シティ信用金庫スタジアム

大阪府大阪市此花区北港緑地2-3-142

舞洲ヘリポート　常吉大橋

杉本商事バファローズスタジアム舞洲

・おおきにアリーナ舞洲
（舞洲アリーナ）

・舞洲スポーツアイランド
舞洲運動広場

大阪シティ信用金庫スタジアム

此花大橋　→JR桜島駅方面

夢舞大橋　↓南港方面

電車・バスを利用される方
▶JR環状線「西九条駅」下車、舞洲スポーツアイランド行（大阪シティバス81系統）で約35分
▶JRゆめ咲線「桜島駅」下車、舞洲アクティブバス（北港観光バス2系統）で約15分
▶大阪メトロ「コスモスクエア駅」下車、コスモドリームライン（北港観光バス3系統）で約20分

車を利用される方
▶阪神高速5号湾岸線舞洲IC出て直進、此花大橋を渡る。
▶国道43号線・梅香交差点を西へ直進、此花大橋を渡る。
▶南港（咲洲）方面からは夢咲トンネルを通過し、夢舞大橋を渡る。

入場料金

球場	券種		当日・前売
杉本商事バファローズスタジアム舞洲 大阪シティ信用金庫スタジアム	大人 （高校生以上）		1,200円（税込）
	こども （小・中学生）		500円（税込）
杉本商事バファローズスタジアム舞洲 ※バックネット裏特別エリア	大人 （高校生以上）		1,500円（税込）
	こども （小・中学生）		500円（税込）

●チケット販売等につきましては、球団ホームページをご確認ください。
●BsCLUB会員、モバイルサイト有料会員の割引、招待はありません。
●地方球場の入場料金については、決定次第球団HPにてご案内いたします。

ファームが街にやって来る！

多くの方々に、オリックス・バファローズを「自分たちのチームだ！」と
実感していただくため、下記球場でもファーム公式戦を開催します。
選手たちの熱戦を球場でご覧ください。皆さまのご来場、お待ちしています。

※試合日だけのスタジアムニックネームです

高槻市

高槻萩谷バファローズ球場※
6月22日（土）、23日（日）
13：00 vs

東大阪市

花園セントラルバファローズスタジアム※
5月18日（土）、19日（日）
13：00 vs H

和歌山市

紀三井寺公園野球場
6月8日（土）
13：00 vs

富田林市

富田林バファローズスタジアム
9月14日（土）
13：00 vs

堺市

堺市原池公園野球場
5月3日（金祝）、4日（土祝）
13：00 vs

みんな、遊びに来てね！

橿原市

佐藤薬品バファローズスタジアム※
4月13日（土）
13：00 vs
9月21日（土）
13：00 vs

FARM INFORMATION 2024

高槻市
東大阪市
橿原市
堺市
富田林市
和歌山市
大阪府
奈良県
和歌山県

SPRING TRAINING SHOT 2024

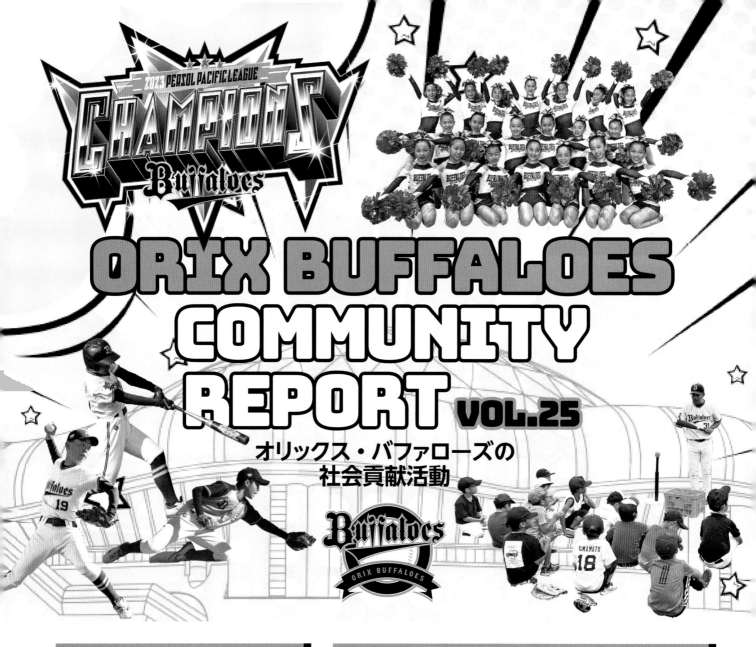

ORIX BUFFALOES COMMUNITY REPORT VOL.25

オリックス・バファローズの
社会貢献活動

小学校訪問 supported by セノッピー

　球団OB等が、大阪市内の小学校を中心に「キャリア教育」「ティーボール教室」を実施しています。「キャリア教育」は、5・6年生を対象として「将来に向けて夢をもつこと」「夢に向かって努力すること」「困難を乗り越える強い心」「友達・仲間の大切さ」「周囲の方への感謝の気持ちをもつこと」など、これまでプロスポーツ選手として培ったキャリアを生かしたお話をしています。また、1～4年生を対象に、体育授業の中で「ティーボール教室」を実施し、「ルールを守ってみんなで楽しくスポーツすること」を体験し、青少年の健やかな育成の一助となるよう取組んでいます。

地域とのふれあい

　バファローズのマスコット「バファローブル」と「バファローベル」、ダンス＆ヴォーカルユニット「BsGirls」が皆さまの街の様々なイベントやコミュニティ活動に参加しました。バファローズの選手たちもシーズンオフを中心に様々な活動をしています。今後もチームを支えてくださっているファンの皆さまをはじめ、たくさんの方々と身近に「ふれあう」機会を大切にし、未来ある子どもたちには「夢」や「感動」を感じていただけるよう積極的に取り組み、皆様と共に歩む社会の形成を目指します。

球団OBコーチによる野球教室

　これから野球を始めようとしている子どもたちを対象とした「親子Tボール教室」や「少年少女野球教室」に球団OBが直接出向き、指導にあたりました。これらの活動を通じて「生涯にわたり健康な体づくり」「野球愛好者の拡大」等を目的に、野球振興事業として開催しています。

オリックス・バファローズ少年少女野球教室コーチ

13 吉田直喜（よしだなおき）	35 大久保勝信（おおくぼまさのぶ）
31 塩崎 真（しおざきまこと）	66 山本和作（やまもとかずなお）

<OBコーチ>

近藤 一樹（こんどう かずき）投手	筧 裕次郎（かけい ゆうじろう）内野手
宮本 大輔（みやもと だいすけ）投手	中谷 忠己（なかたに ただみ）内・外野手
吉川 勝成（よしかわ かつなり）投手	村上 眞一（むらかみ しんいち）内・外野手
岡田 幸喜（おかだ ゆきよし）捕手	井戸 伸年（いど のぶとし）外野手
近澤 昌志（ちかざわ まさし）捕手	大西 宏明（おおにし ひろあき）外野手
藤本 博史（ふじもと ひろし）捕手	平下 晃司（ひらした こうじ）外野手
藤原 清景（ふじわら きよかげ）捕手	

少年少女野球大会

NPB12球団ジュニアトーナメント KONAMI CUP 2023

　この大会は2005年より一般社団法人日本野球機構とプロ野球12球団が連携し、「子どもたちが"プロ野球への夢"という目標をより身近にもてるように」という考えのもと始まりました。各球団5〜6年生を対象とした「ジュニアチーム」を結成して大会に出場します。2023年のオリックス・バファローズジュニアチームは、「セノッピーpresents 第20回オリックス・バファローズCUP2023少年少女軟式野球大会」に出場した各チームの6年生を対象にデジタルチャレンジ（動画応募による審査・選考）、実技セレクションを実施し、16名の選手が選ばれました。今大会は12月26日〜28日に明治神宮野球場と横浜スタジアムで開催されましたが、予選トーナメント0勝2敗という結果で決勝トーナメント進出はなりませんでした。この大会はオリックス・バファローズCUP少年少女軟式野球大会に出場する選手にとって目標であり憧れの大会となっております。また2022年に引き続き、2023年も炭火焼肉たむら（代表：たむらけんじ）様がバファローズジュニアチームへ、練習用ユニフォームの提供など多岐にわたりチーム運営をサポートして頂きました。

第18回オリックス・バファローズCUP2023少年硬式野球大会

　今大会もヤングリーグ、リトルシニア関西連盟、ボーイズリーグの各6チーム、各団体より選抜された「近畿」「岡山」「四国」のエリアより計18チームが参加し、トーナメント大会を開催しました。8月19日のほっともっとフィールド神戸での決勝戦は、ヤングリーグ代表「兵庫加古川ヤング」対リトルシニア関西連盟代表「堺泉北リトルシニア」にて行われ、熱戦の末「兵庫加古川ヤング」が優勝いたしました。

セノッピー presents
第20回オリックス・バファローズCUP2023少年少女軟式野球大会

　大阪大会・兵庫大会を勝ち抜いた16チームに加え、京都代表「精華アトムズ」「向島シャークス」滋賀代表「速水ブルーウィングス」「栗東ワイルドキッズ」奈良代表「井戸堂ファイターズ」「奈良信貴REDS」の22チームにて熱戦が繰り広げられました。決勝戦は10月1日に京セラドームにて行われ、「長曽根ストロングス」がセノッピーpresents 第20回オリックス・バファローズCUP2023少年少女野球大会の頂点に立ちました。

オリックス・バファローズ キッズダンスアカデミー

　オリックス・バファローズが主催運営するキッズチアダンスアカデミーです。「元気・笑顔・思いやり」をモットーに日々レッスンに励んでいます。レッスンではチアダンスに必要な基礎技術に加え、応援することや踊ることの楽しさ、仲間と共に目標に向かって努力することの大切さを学びます。またイベントや大会にも積極的に参加し、バファローズの主催試合で行われる広いグラウンドでの発表会は、野球選手を応援するチアチームならでは! ぜひ、彼女たちのダンスにご注目ください。

2023 RECORD

■ パシフィック・リーグ公式戦勝敗表

チーム	試合	勝利	敗北	引分	勝率	差	ホーム	ロード	対オリックス	対ロッテ	対ソフトバンク	対楽天	対西武	対日本ハム	交流戦
オリックス・バファローズ	143	86	53	4	.619	—	41勝28敗3分	45勝25敗1分	—	15勝8敗2分	13勝11敗1分	15勝10敗	17勝8敗	15勝9敗1分	11勝7敗
千葉ロッテマリーンズ	143	70	68	5	.507	15.5	42勝28敗2分	28勝40敗3分	8勝15敗2分	—	12勝12敗1分	13勝12敗	16勝9敗	14勝11敗	7勝9敗2分
福岡ソフトバンクホークス	143	71	69	3	.507	15.5	39勝32敗	32勝37敗3分	11勝13敗1分	12勝12敗1分	—	10勝14敗1分	13勝12敗	14勝11敗	11勝7敗
東北楽天ゴールデンイーグルス	143	70	71	2	.496	17	38勝33敗1分	32勝38敗1分	10勝15敗	12勝13敗	14勝10敗1分	-	10勝14敗1分	15勝10敗	9勝9敗
埼玉西武ライオンズ	143	65	77	1	.458	22.5	33勝37敗1分	32勝40敗	8勝17敗	9勝16敗	12勝13敗	14勝10敗1分	—	16勝9敗	6勝12敗
北海道日本ハムファイターズ	143	60	82	1	.423	27.5	31勝40敗	29勝42敗1分	9勝15敗1分	11勝14敗	11勝14敗	10勝15敗	9勝16敗	—	10勝8敗

■ 交流戦勝敗表

チーム	試合	勝利	敗北	引分	勝率	ホーム	ロード	対阪神	対広島	対DeNA	対巨人	対ヤクルト	対中日
オリックス・バファローズ	18	11	7	0	.611	4勝5敗	7勝2敗	2勝1敗	2勝1敗	1勝2敗	1勝2敗	3勝0敗	2勝1敗
千葉ロッテマリーンズ	18	7	9	2	.438	5勝4敗	2勝5敗2分	0勝2敗1分	2勝1敗	1勝2敗	1勝2敗	2勝1敗	1勝2敗1分
福岡ソフトバンクホークス	18	11	7	0	.611	4勝5敗	7勝2敗	1勝2敗	1勝2敗	2勝1敗	1勝2敗	3勝0敗	1勝2敗
東北楽天ゴールデンイーグルス	18	9	9	0	.500	5勝4敗	4勝5敗	2勝1敗	2勝1敗	1勝2敗	2勝1敗	0勝3敗	2勝1敗
埼玉西武ライオンズ	18	6	12	0	.333	4勝5敗	2勝7敗	2勝1敗	1勝2敗	1勝2敗	0勝3敗	1勝2敗	1勝2敗
北海道日本ハムファイターズ	18	10	8	0	.556	4勝5敗	6勝3敗	2勝1敗	2勝1敗	0勝3敗	1勝2敗	2勝1敗	3勝0敗

■ 個人投手成績表 ※———規定投球回＝143回以上

選手	試合	完投	完封勝	勝利	敗北	引分	セーブ	ホールド	HP	勝率	投球回	安打	本塁打	四球	故意四球	死球	三振	暴投	ボーク	失点	自責点	防御率
山本 由伸	23	2	1	16	6	0	0	0	0	.727	164	117	2	28	0	6	169	1	0	27	22	1.21
宮城 大弥	22	3	3	10	4	0	0	0	0	.714	146 2/3	107	7	31	1	5	122	1	0	38	37	2.27
前 佑囲斗	2	0	0	0	0	0	0	0	0	.000	2	1	0	1	0	0	2	0	0	0	0	0.00
齋藤 響介	1	0	0	0	0	0	0	0	0	.000	4	2	0	2	0	2	3	0	0	0	0	0.00
平野 佳寿	42	0	0	3	2	0	29	5	8	.600	40	36	1	13	0	0	24	1	0	5	5	1.13
山田 修義	32	0	0	0	0	0	0	6	6	.000	31 1/3	23	1	10	0	1	29	0	0	4	4	1.15
山下 舜平大	16	0	0	9	3	0	0	0	0	.750	95	71	4	30	0	4	101	4	0	21	17	1.61
宇田川 優希	46	0	0	4	0	0	2	20	24	1.000	45 2/3	22	3	30	1	2	52	4	0	9	9	1.77
東 晃平	10	0	0	6	0	0	0	0	0	1.000	52 1/3	45	2	9	0	5	40	1	0	14	12	2.06
山﨑 颯一郎	53	0	0	1	1	0	9	27	28	.500	52	42	3	18	0	0	60	0	0	12	12	2.08
小木田 敦也	38	0	0	4	0	0	0	7	11	1.000	49 1/3	37	4	13	0	0	37	0	0	16	12	2.19
比嘉 幹貴	31	0	0	2	0	0	0	6	8	1.000	20	21	3	4	0	1	10	0	0	5	5	2.25
山岡 泰輔	31	0	0	2	1	1	3	8	9	.667	94	75	4	33	2	3	97	7	0	26	24	2.30
阿部 翔太	49	0	0	3	5	0	1	21	24	.375	46 2/3	37	4	12	1	5	42	1	0	17	14	2.70
漆原 大晟	16	0	0	0	0	1	0	1	1	.000	21	23	1	12	1	0	10	4	0	11	7	3.00
田嶋 大樹	13	0	0	6	4	0	0	0	0	.600	81 2/3	73	9	18	0	2	64	2	0	31	28	3.09
吉田 凌	19	0	0	0	0	0	4	4	4	.000	16 2/3	16	1	10	0	1	12	0	0	8	6	3.24
山﨑 福也	23	0	0	11	5	0	0	0	0	.688	130 1/3	127	7	24	0	5	80	0	0	48	47	3.25
曽谷 龍平	10	0	0	1	2	0	0	0	0	.333	32 2/3	33	0	15	0	1	27	2	0	16	14	3.86
近藤 大亮	12	0	0	0	1	0	0	0	0	.000	12 1/3	12	1	8	0	1	16	0	0	7	7	5.11
ワゲスパック	31	0	0	4	7	1	2	4	7	.364	43 2/3	44	4	26	0	1	67	2	0	30	28	5.77
コットン	7	0	0	1	1	0	0	1	2	.500	18 1/3	24	4	4	0	1	22	2	0	13	12	5.89
小野 泰己	5	0	0	0	0	0	0	0	0	.000	6	6	0	10	0	1	6	0	0	4	4	6.00
村西 良太	7	0	0	0	0	0	0	1	1	.000	11 2/3	11	1	5	0	1	6	0	0	8	8	6.17
本田 仁海	28	0	0	2	1	0	0	7	9	.667	32 2/3	36	5	12	2	0	34	2	0	23	23	6.34
黒木 優太	12	0	0	1	5	0	0	1	1	.167	26	33	4	16	0	1	20	1	0	20	19	6.58
横山 楓	4	0	0	0	0	0	0	0	0	.000	3 2/3	4	0	4	0	0	3	0	0	3	3	7.36
竹安 大知	2	0	0	0	0	0	0	0	0	.000	4 1/3	7	2	1	0	0	1	0	0	5	5	10.38
ニックス	2	0	0	0	0	0	0	0	0	.000	6	9	0	5	0	0	5	0	0	7	7	10.50

■ 個人打撃成績表 ※———規定打席＝443打席以上

選手	試合	打席	打数	得点	安打	二塁打	三塁打	本塁打	打点	盗塁	犠打	犠飛	四球	故意四球	死球	三振	併殺打	打率	長打率	出塁率
頓宮 裕真	113	451	401	49	123	23	0	16	49	0	1	2	41	0	6	69	11	.307	.484	.378
森 友哉	110	453	384	49	113	24	2	18	64	4	1	7	54	4	7	61	9	.294	.508	.385
紅林 弘太郎	127	482	443	37	122	19	1	8	39	4	7	3	28	0	1	63	19	.275	.377	.318
中川 圭太	135	563	506	66	136	29	5	12	55	5	6	1	43	0	7	90	5	.269	.417	.334
宗 佑磨	122	478	428	38	105	17	3	2	22	1	9	1	36	0	4	55	9	.245	.313	.309
小田 裕也	77	68	62	15	18	5	0	1	5	8	0	0	2	0	2	15	1	.290	.419	.333
宜保 翔	62	162	147	14	41	5	0	1	9	1	7	1	6	0	1	25	4	.279	.313	.310
若月 健矢	96	318	286	27	73	14	1	6	17	2	16	0	15	1	1	66	15	.255	.374	.295
太田 椋	18	70	60	9	15	3	0	2	7	0	4	2	4	0	0	8	1	.250	.400	.318
セデーニョ	57	187	176	12	43	7	0	9	34	0	0	2	8	0	1	47	5	.244	.438	.278
杉本 裕太郎	96	370	339	34	82	12	1	16	41	0	0	2	19	1	9	101	2	.242	.425	.298
茶野 篤政	91	344	312	37	74	7	0	1	23	7	1	6	16	0	8	76	1	.237	.269	.291
野口 智哉	76	257	226	19	51	11	3	2	19	4	5	0	21	0	5	70	3	.226	.327	.306
ゴンザレス	84	321	299	28	65	14	0	12	38	2	1	1	15	0	5	85	3	.217	.385	.266
池田 陵真	12	39	34	4	7	1	0	0	0	1	0	0	4	0	1	9	1	.206	.235	.308
廣岡 大志	44	103	90	12	18	4	1	1	9	0	1	0	12	1	0	26	2	.200	.300	.294
山足 達也	32	27	25	7	5	1	0	0	1	0	0	0	0	0	2	5	1	.200	.240	.259
平野 大和	4	5	5	1	1	0	0	0	0	0	0	0	0	0	0	2	0	.200	.200	.200
杉澤 龍	2	5	5	0	1	0	0	0	0	0	0	0	0	0	0	2	0	.200	.200	.200
西野 真弘	43	138	122	5	24	6	0	0	8	0	5	0	11	0	0	9	4	.197	.246	.263
大城 滉二	57	51	46	7	9	3	0	1	10	1	0	0	4	0	1	8	2	.196	.326	.275
福田 周平	36	114	94	6	18	1	0	0	5	0	5	0	15	0	0	15	1	.191	.202	.306
シュウィンデル	20	70	69	4	13	0	0	3	8	0	0	0	0	0	1	17	2	.188	.275	.186
安達 了一	23	68	60	4	11	0	0	0	4	1	3	0	4	0	1	18	0	.183	.183	.246
T－岡田	20	42	39	3	7	0	0	0	2	0	0	0	3	0	0	11	1	.179	.179	.214
渡部 遼人	32	52	41	7	7	2	0	0	1	2	2	0	8	0	1	9	0	.171	.220	.300
佐野 皓大	47	38	36	11	6	1	1	0	1	3	5	0	2	0	0	7	0	.167	.250	.167
石川 亮	14	11	11	0	1	0	0	0	0	0	0	0	0	0	0	5	0	.091	.091	.091
大里 昂生	5	2	2	0	0	0	0	0	0	0	0	0	0	0	0	1	0	.000	.000	.000
来田 涼斗	4	11	10	0	0	0	0	0	0	0	1	0	0	0	0	6	0	.000	.000	.091
福永 奨	3	2	2	0	0	0	0	0	0	0	0	0	0	0	0	1	0	.000	.000	.000
渡邉 大樹	1	2	2	0	0	0	0	0	0	0	0	0	0	0	0	0	0	.000	.000	.000

■ ウエスタン・リーグ公式戦勝敗表

チーム	試合	勝利	敗北	引分	勝率	差	ホーム	ロード	対ソフトバンク	対オリックス	対広島	対阪神	対中日	交流戦
福岡ソフトバンクホークス	123	67	49	7	.578	—	36勝24敗4分	31勝25敗3分	—	17勝12敗2分	16勝11敗	17勝13敗2分	16勝10敗3分	1勝3敗
オリックス・バファローズ	122	64	49	9	.566	1.5	38勝24敗3分	26勝25敗6分	12勝17敗2分	—	15勝13敗2分	17勝8敗2分	18勝10敗2分	2勝1敗1分
広島東洋カープ	113	53	52	8	.505	8.5	27勝21敗5分	26勝31敗5分	11勝16敗	13勝15敗2分	—	15勝14敗3分	14勝7敗3分	0勝1敗
阪神タイガース	119	56	55	8	.505	8.5	32勝24敗4分	24勝31敗5分	17勝17敗2分	8勝17敗2分	14勝15敗3分	—	21勝5敗1分	0勝1敗
中日ドラゴンズ	112	33	70	9	.320	27.5	17勝32敗4分	16勝38敗4分	10勝16敗3分	10勝18敗2分	7勝14敗3分	5勝21敗1分	—	1勝1敗

■ 交流戦勝敗表

チーム	試合	勝利	敗北	引分	勝率	ホーム	ロード	対巨人	対楽天	対西武	対DeNA	対日本ハム	対ヤクルト	対ロッテ
福岡ソフトバンクホークス	4	1	3	0	.250	1勝1敗	0勝2敗	—	—	—	0勝2敗	—	—	1勝1敗
オリックス・バファローズ	4	2	1	1	.667	0勝1敗	2勝0敗1分	—	1勝0敗	—	0勝1敗	1勝0敗1分	—	—
広島東洋カープ	0	0	0	0	.000	—	—	—	—	—	—	—	—	—
阪神タイガース	1	0	1	0	.000	0勝1敗	—	—	—	0勝1敗	—	—	—	—
中日ドラゴンズ	2	1	1	0	.500	1勝1敗	—	—	1勝1敗	—	—	—	—	—

■ 個人投手成績表　※——規定投球回＝97.6回以上

選手	試合	完投	完封勝	勝利	敗北	引分	セーブ	勝率	投球回	安打	本塁打	四球	故意四球	死球	三振	暴投	ボーク	失点	自責点	防御率
村西 良太	22	0	0	6	5	0	0	.545	99	78	5	27	0	14	69	0	0	24	19	1.73
竹安 大知	5	0	0	2	0	0	0	1.000	22 1/3	15	0	2	0	0	16	0	0	0	0	0.00
阿部 翔太	4	0	0	0	0	0	1	.000	4 2/3	1	0	2	0	0	5	0	0	0	0	0.00
比嘉 幹貴	4	0	0	0	0	0	0	.000	3 1/3	2	0	1	0	0	3	0	0	0	0	0.00
山本 由伸	1	0	0	1	0	0	0	1.000	7	2	0	0	0	0	7	0	0	0	0	0.00
宮城 大弥	1	0	0	1	0	0	0	1.000	6	1	0	1	0	0	5	0	0	0	0	0.00
富山 凌雅	1	0	0	0	0	0	0	.000	1	2	0	0	0	0	0	0	0	0	0	0.00
山﨑 颯一郎	1	0	0	0	0	0	0	.000	1	0	0	0	0	0	2	0	0	0	0	0.00
近藤 大亮	33	0	0	0	0	1	6	1.000	33 1/3	33	2	4	0	1	33	0	0	4	4	1.08
中川 颯	21	0	0	0	1	1	0	.000	32 2/3	18	1	4	0	0	34	0	0	6	5	1.38
ワゲスパック	5	0	0	0	0	0	0	.000	13	7	0	4	0	0	11	0	0	2	2	1.38
田嶋 大樹	6	0	0	1	2	0	0	.333	22	21	1	5	0	1	18	0	0	7	4	1.64
吉田 凌	30	0	0	2	0	2	4	1.000	27 2/3	11	3	11	0	0	27	1	0	6	6	1.95
東 晃平	12	0	0	5	2	0	0	.714	62	46	2	16	0	2	47	1	0	15	15	2.18
齋藤 響介	11	0	0	1	2	0	0	.333	36	20	2	13	0	1	32	0	0	12	9	2.25
入山 海斗	44	0	0	5	3	2	13	.625	42	35	3	26	0	4	31	2	1	11	11	2.36
小木田 敦也	12	0	0	0	0	0	0	.000	11	9	0	0	0	2	19	0	0	3	3	2.45
曽谷 龍平	16	1	1	6	2	0	1	.750	84 1/3	73	5	17	0	6	87	3	0	25	24	2.56
黒木 優太	24	0	0	4	1	0	1	.800	47	41	3	9	0	1	41	6	0	17	15	2.87
日髙 暖己	12	0	0	1	1	0	0	.500	20	17	1	7	0	0	9	1	0	7	7	3.15
山田 修義	13	0	0	0	0	0	0	.000	11 1/3	12	1	1	0	0	10	0	0	4	4	3.18
ニックス	5	0	0	1	2	0	0	.333	23 2/3	17	1	6	0	1	22	0	0	11	9	3.42
小野 泰己	19	0	0	2	5	0	1	.286	50 1/3	38	2	26	0	4	47	3	0	22	20	3.58
川瀬 堅斗	16	0	0	1	4	0	0	.200	57 1/3	64	3	16	0	2	37	4	0	28	23	3.61
中田 惟斗	19	0	0	0	0	0	0	.000	19 2/3	22	2	4	0	1	13	0	0	8	8	3.66
コットン	11	0	0	2	2	0	0	.500	38	33	6	13	0	1	32	1	0	17	16	3.79
佐藤 一磨	19	0	0	8	3	0	0	.727	96	98	9	36	0	3	66	4	2	42	42	3.94
漆原 大晟	32	0	0	3	0	2	0	1.000	31 1/3	34	1	9	0	1	23	0	0	15	15	4.31
前 佑囲斗	40	0	0	3	3	0	0	.500	39	31	2	23	1	5	33	3	0	22	19	4.38
横山 楓	32	0	0	4	2	1	2	.667	29	30	4	11	0	0	26	3	0	19	15	4.66
山﨑 福也	2	0	0	1	0	0	0	1.000	11 1/3	15	1	3	0	0	13	0	0	6	6	4.76
鈴木 康平	12	0	0	0	2	0	0	.000	18 1/3	28	0	6	0	2	17	0	0	14	11	5.40
本田 仁海	10	0	0	0	0	0	0	.000	12 2/3	12	1	5	0	1	15	0	0	8	8	5.68
才木 海翔	10	0	0	0	0	0	0	.000	10 1/3	9	0	4	0	0	10	0	0	8	8	6.97
宇田川 優希	6	0	0	0	0	0	0	.000	6 1/3	10	0	3	0	0	7	0	0	7	5	7.11
辻垣 高良	20	0	0	3	5	0	0	.375	47 1/3	64	8	10	0	2	39	2	0	40	38	7.23
西濱 勇星	3	0	0	0	0	0	0	.000	3	5	0	1	0	0	4	0	0	3	3	9.00
平野 佳寿	1	0	0	0	0	0	0	.000	1	1	1	0	0	0	0	0	0	1	1	9.00

■ 個人打撃成績表　※——規定打席＝329打席以上

選手	試合	打席	打数	得点	安打	二塁打	三塁打	本塁打	打点	盗塁	盗塁刺	犠打	犠飛	四球	故意四球	死球	三振	併殺打	残塁	打率	長打率	出塁率
シュウィンデル	13	38	37	4	13	4	0	0	10	0	0	0	1	0	0	0	7	1	6	.351	.459	.342
茶野 篤政	23	89	81	13	28	2	1	0	9	6	2	0	1	5	0	2	13	0	21	.346	.395	.393
セデーニョ	40	134	123	21	41	12	0	4	19	1	0	0	0	10	0	1	26	3	19	.333	.528	.388
石川 亮	9	17	15	1	5	2	0	0	1	0	0	0	0	2	0	0	2	1	7	.333	.467	.412
釣 寿生	4	7	6	1	2	0	0	1	1	0	0	0	0	0	0	0	1	0	9	.333	.833	.429
野口 智哉	43	173	153	26	50	10	2	6	20	0	1	1	1	15	0	3	29	5	35	.327	.536	.395
太田 椋	16	57	53	4	17	3	1	0	4	0	1	0	1	3	0	0	14	3	12	.321	.415	.357
森 友哉	8	19	19	1	6	0	0	0	3	0	0	0	0	0	0	0	3	0	3	.316	.368	.316
佐野 皓大	30	104	92	12	28	2	3	0	6	3	5	4	0	8	0	0	17	3	19	.304	.391	.360
池田 陵真	90	315	282	37	85	12	3	5	27	2	1	0	4	29	0	0	61	5	62	.301	.418	.362
宜保 翔	11	44	41	6	12	3	0	0	1	0	0	1	0	2	0	0	5	2	9	.293	.415	.326
杉本 裕太郎	20	66	56	8	16	5	1	3	15	0	0	0	0	7	0	2	17	0	9	.286	.571	.379
西野 真弘	43	113	96	14	27	3	2	0	14	1	1	0	4	12	0	1	9	2	18	.281	.354	.354
紅林 弘太郎	16	61	57	4	16	3	0	2	7	0	0	0	0	2	0	1	8	2	10	.281	.333	.311
園部 佳太	43	79	72	8	20	1	1	0	13	0	0	0	1	4	0	0	12	5	13	.278	.431	.321
廣岡 大志	35	123	110	13	30	5	2	2	14	2	1	0	0	11	0	2	26	1	27	.273	.409	.341
山足 達也	55	161	140	13	38	5	1	1	19	2	3	5	0	16	0	0	22	4	36	.271	.343	.346
村上 喬一朗	35	77	59	7	16	1	0	1	5	0	0	3	1	13	0	1	14	1	21	.271	.322	.405
来田 涼斗	84	277	251	33	68	10	6	3	26	2	3	0	0	26	0	3	67	6	56	.271	.394	.339
渡部 遼人	75	232	199	30	51	6	1	0	10	20	8	4	0	25	2	4	32	1	54	.256	.296	.351
平野 大和	43	102	90	11	22	2	0	0	3	0	3	1	0	11	0	0	25	4	24	.244	.267	.327
T-岡田	50	139	125	11	29	3	0	3	11	0	0	0	0	12	0	1	29	2	19	.232	.344	.302
元 謙太	89	218	207	21	48	5	0	1	18	5	5	2	0	9	0	0	42	9	43	.232	.271	.264
杉澤 龍	92	303	278	23	62	13	2	3	38	8	5	3	2	16	0	4	57	5	58	.223	.317	.273
山中 尭之	63	186	165	17	36	7	0	6	13	0	2	3	0	16	0	4	46	6	29	.218	.370	.306
福田 周平	45	142	126	19	26	4	1	0	7	1	0	2	0	17	0	0	7	1	29	.217	.267	.329
石岡 諒太	43	82	74	6	16	0	0	0	6	0	0	2	0	6	0	0	12	1	18	.216	.216	.293
大里 昂生	53	168	139	18	30	3	1	2	14	5	5	2	0	18	0	4	17	2	30	.216	.295	.319
大城 滉二	6	16	14	0	3	0	0	0	0	0	0	0	0	3	0	0	3	0	5	.214	.214	.333
頓宮 裕真	5	15	14	3	3	0	0	1	4	0	0	0	0	0	0	1	2	0	1	.214	.429	.267
上野 響平	80	189	164	16	35	0	0	0	12	4	4	9	2	12	0	2	33	2	42	.213	.232	.272
渡邉 大樹	48	97	90	9	21	4	1	0	7	1	1	1	0	6	0	1	21	4	18	.233	.311	.281
内藤 鵬	28	112	106	19	21	4	1	2	15	0	0	0	0	5	0	1	30	3	15	.198	.311	.241
福永 奨	104	296	260	21	50	9	0	3	26	0	2	0	3	20	1	3	64	3	54	.192	.262	.266
安達 了一	20	57	49	7	9	3	0	1	5	1	0	0	0	8	0	0	7	2	9	.184	.306	.298
佐野 如一	77	161	141	7	25	4	0	2	7	2	1	0	1	18	0	0	38	3	30	.177	.206	.269
中川 拓真	20	19	18	0	3	0	0	0	0	0	0	1	0	0	0	0	4	1	3	.167	.167	.158
宗 佑磨	2	6	6	0	1	0	0	0	0	0	0	0	0	0	0	0	1	0	1	.167	.167	.167
小田 裕也	7	19	17	1	2	0	0	0	0	0	0	0	0	2	0	0	4	0	4	.118	.118	.211
ゴンザレス	6	19	18	0	1	0	0	0	0	0	0	0	0	0	0	0	7	0	2	.056	.056	.105
若月 健矢	1	3	3	0	0	0	0	0	0	0	0	0	0	0	0	0	1	0	0	.000	.000	.000

STAFF LIST

【発行】
オリックス野球クラブ株式会社
【発行日】
2024年3月29日
【発行所】
オリックス野球クラブ株式会社
大阪府大阪市西区千代崎3-北2-30
【発売】
メタ・ブレーン
〒150-0022
東京都渋谷区恵比寿南3-10-14-214
【制作】
ベースボール・タイムズ編集部
【編集】
大槻 美佳
松野 友克
渡邊 幸恵

【取材・原稿】
大前 一樹
【写真】
松村 真行
金田 秀則
近藤 駿
花田 裕次郎
村本 万太郎
塙 新平
【デザイン】
アイル企画
　森田 篤成
　平松 剛
藤井 由佳
【印刷】
TOPPAN株式会社

ORIX BUFFALOES
THE PERFECT GUIDE 2024